Wunibald Müller

Du bist die Liebe, die stärker ist als alles

Wunibald Müller

Du bist die Liebe, die stärker ist als alles

Mit Gott sprechen
in Angst, Depression
und Verzweiflung

echter

Bibliografische Information der Deutschen Nationalbibliothek
Die Deutsche Nationalbibliothek verzeichnet diese Publikation in der
Deutschen Nationalbibliografie; detaillierte bibliografische Daten sind
im Internet über <http://dnb.d-nb.de> abrufbar.

© 2009 Echter Verlag GmbH, Würzburg
www.echter-verlag.de
Umschlag: Christine Eisner (Foto: gettyone)
Druck und Bindung: fgb · freiburger graphische betriebe
ISBN 978-3-429-03149-7

Inhalt

5

Vorwort

»Mit dem Verstand weiß ich, dass es keinen lieben Gott gibt, aber ich spreche oft mit ihm, das habe ich seit der Kindheit getan. Das tut mir gut, und das erlaube ich mir«, sagt die 90jährige Psychoanalytikerin Margarete Mitscherlich-Nielsen in einem Interview (2007). Ich finde das ehrlich und es rührt mich an. Auch ich spreche seit meiner Kindheit mit Gott und tue es bis zum heutigen Tag. Ich glaube an den »lieben Gott«, so sehr ich auch Zeiten kenne, in denen mir das schwer fällt. Ich halte mich deswegen nicht für besser oder weiter als Margarete Mitscherlich-Nielsen. Ich erachte mich aber auch deshalb nicht für weniger reif. Auch lasse ich mich nicht beeindrucken von Albert Einstein, der in einem vor kurzem bei einer Versteigerung in London bisher unbekannten Brief die biblische Vorstellung von Gott als einen »kindlichen Aberglauben« bezeichnet.

Ich glaube einfach an Gott, erfahre immer wieder seine Anwesenheit. Das gilt besonders auch in Zeiten der Not, wenn ich Angst, Depression und Verzweiflung erfahre. Dann erlebe ich meine Gespräche mit Gott als trostvoll und heilend.

In dem erwähnten Gespräch meint Frau Mitscherlich-Nielsen weiter: »Ohne mitmenschliche Beziehungen ist das Leben ein Horror. Wenn ich im Moment keinen Menschen habe, der mich so gut versteht wie Gott, spreche ich halt mit Gott.« Ich habe nie daran gezweifelt, dass Gott mich gut versteht, und ich durfte es immer wieder erfahren. Aber auch wenn ich Menschen kenne, an die ich mich wenden kann, wenn ich Hilfe brauche, geht von meinen Gesprächen mit Gott eine Wirkung aus, die noch einmal eine eigene Qualität hat. Ich erfahre auf eine Weise Hilfe, die ganz tief in mir ihren Ursprung hat und mich dort auch berührt.

So erlebe ich meine Gespräche mit Gott als eine Art Therapie. Ich kann dabei nicht von Selbsttherapie sprechen, da ja ein anderer daran beteiligt ist: Gott, den ich bei meinen Gesprächen als lebendiges Gegenüber erleben darf.

Die folgenden Texte dokumentieren meine Gespräche mit Gott in einer Phase meines Leben, in der ich niedergeschlagen, depressiv, voller Angst und manchmal auch verzweifelt war. Es sind sehr persönliche Texte, die ich zunächst nur für mich geschrieben habe. Dabei war es für mich auch wichtig, nicht nur mit Gott zu sprechen, sondern schreibend mit Gott ins Gespräch zu kommen.

Es war eine Zeit, in der ich meinen Glauben an Gott wieder einmal »abklopfte« und dabei seine Geduld mit mir, sein Aushalten bei mir und vor allem seine Liebe zu mir erfahren durfte. Das eröffnete mir einen neuen Zugang zu ihm.

Ich habe bei meinen Gesprächen mit Gott gemerkt, wie sehr allein die Tatsache, regelmäßig mit Gott zu sprechen, die Erfahrung der Verbundenheit mit Gott fördert. Vielleicht ist es gerade diese tägliche innige Kontaktaufnahme, die persönliche Begegnung mit Gott, von der die stärkste heilende Erfahrung von Halt, Trost und Geborgenheit ausgeht. Noch nie wurde mir so klar wie bei diesen Gesprächen mit Gott, dass es eine Zeit der Stille und des Schweigens gibt, dann aber auch eine Zeit des Sprechens und der lebendigen Kontaktaufnahme mit Gott als meinem allerpersönlichsten Du.

Der geistliche Schriftsteller Henri Nouwen, mit dem ich freundschaftlich verbunden war, hat mich durch seine Veröffentlichungen, in denen er auch sehr viel von seiner inneren Not mitteilte, ermutigt, anderen Menschen die eigene Innenseite zu zeigen und sie an der persönlichen Auseinandersetzung mit Gott teilhaben zu lassen. Vielleicht erleichtert das auch Ihnen, meinen Lesern, besser zur eigenen Begrenztheit, Niedergeschlagenheit, Angst und Schwäche zu stehen und diese anzunehmen. Ich möchte Sie jedenfalls einladen, sich auf das Gespräch mit Gott einzulassen, im Vertrauen darauf, dadurch Trost und Heilung zu erfahren.

Ich will durch die Veröffentlichung dieser Texte Ihnen, meinen Lesern und Leserinnen, Mut machen, der heilenden Kraft zu vertrauen, die davon ausgehen kann, wenn wir in Zeiten der Not das Gespräch mit Gott suchen. Vielleicht können meine Texte, die ich auch als Gebete verstehe, dem einen oder anderen als Vorlage für sein/ihr Sprechen mit Gott und Beten zu Gott hilfreich sein.

Danken möchte ich den Camaldolensern in Big Sur, vor allem ihrem Prior Pater Raniero Hoffmann, bei denen ich für fast eine Woche im Kloster leben durfte, den Trappisten der Abtei New Clairvaux in Nordkalifornien, in deren Gästehaus ich einige Tage verbrachte, und unseren Freunden Mary und Andrew Miche in

Lakeport/Kalifornien, alles Stätten, an denen ich große Teile der vorliegenden Texte geschrieben habe. Herrn Heribert Handwerk vom Echter Verlag danke ich für die gute Zusammenarbeit und wichtige Anregungen.

Wunibald Müller

*... den ich wie eine Person liebe
und dem ich die letzte Aktivität meines Lebens
zu geben habe*

(Pierre Teilhard de Chardin
über seine Beziehung zu Gott)

»Ich fürchte kein Unheil,
Du bist ja bei mir«

Beim Aufwachen taucht der Satz in mir auf: »Ich fürchte kein Unheil, Du bist ja bei mir.« Seit gestern hat sich eine Angst über mich gelegt, fühle ich mich niedergedrückt und traurig. Ich kenne das. Dann sehe ich alles wie durch eine dunkel getönte Brille. Äußere Auslöser mögen Überarbeitung, Abschied nehmen von unserem Sohn, der ins Ausland geht, berufliche Verunsicherungen, schwere Krankheit bei Freunden usw. sein. Alles Situationen und Tatsachen, mit denen ich auch sonst auf die eine oder andere Weise konfrontiert bin.

Und da taucht der Satz auf: »Ich fürchte kein Unheil, Du bist ja bei mir.« Diesen Satz kenne ich aus der Vesper in der Benediktinerabtei Münsterschwarzach. Dort singe ich diesen Satz. Wie ich ihn jetzt singe in meinem Herzen.

Hörst Du mich?
Dringt meine Melodie an Dein Ohr?
In Dein Herz?

Ich sehne mich nach Dir.
Du bist mir so fern.
Das macht mich traurig, macht mir Angst.

Je weiter ich mich von Dir entferne,
desto dünner und oberflächlicher wird mein Leben.
Je näher ich Dir bin,
je stärker ich die Verbundenheit mit Dir erlebe,
desto wesentlicher lebe ich,
desto mehr bin ich bei mir.

Lebe ich aber wesentlicher,
dann lebe ich von innen her,
von meinem Kern, von meinem Wesen her,
von Dir, der erfahrenen Verbundenheit mit Dir, her.
Und nicht, wie jetzt, von außen her,
wo das, was mich beschäftigt und bedrängt,
in Angst versetzt und traurig stimmt.

Du, mein Gott, hörst Du mich?
Jetzt spüre ich Dich wieder mehr.
»Ich fürchte kein Unheil«, denn »Du bist ja bei mir.«

Ich singe mein Lied weiter, stimme ein in den Choral:
»Wohl mir, dass ich Jesum habe,
oh wie feste halt ich ihn;
dass er mir mein Herz erlabe,
wenn ich krank und traurig bin.«

Auf *Dir* will ich gründen

Ich muss an einen Vergleich denken, den der Tiefen-
psychologe Robert Moore erwähnt, um die positive
Seite von Depression zu erläutern. Die Depression ist
der Ballast, der in einem Heißluftballon verhindert,
dass wir zu hoch fliegen. Die Depression, die ich im
Augenblick spüre, will mir auch sagen: Komme wieder
mehr herunter in die Niederungen des Lebens. Fühle
dich nicht so sehr auf der sicheren und gesicherten Seite, was Beruf, Gesundheit, Anerkennung betrifft. Mache dich davon nicht abhängig, vor allem nicht dein
Glück und deine Zufriedenheit.

Du, mein Gott, bist mein Glück.
Von Dir her erfahre ich Zufriedenheit.
Du gibst mir Sicherheit, schenkst mir Grund.
Auf Dir will ich gründen.
Nicht auf finanzieller Absicherung,
gesellschaftlicher Bedeutung,
persönlicher Wertschätzung.
Meine Depression hält mich dann davon ab,
abzuheben.
Sie holt mich zurück.
Zu mir, in meine Tiefe.
Damit aber auch zu Dir.

Dir bin ich nahe,
wenn ich mir nahe bin.
Ich nicht länger außerhalb von mir lebe.
In hohen Lüften,
abgehoben von mir, anderen Menschen und Dir.

Also lasse ich mich nach unten ziehen
von dem Ballast, der Schwere.
Verabschiede mich
von Scheinsicherheiten und Erwartungen,
die überzogen, unrealistisch sind.

Wenn ich die Schwere nicht länger spüre,
die Angst und Traurigkeit verschwinden,
weiß ich,
dass ich angekommen bin.
Auf dem Boden.
In den Niederungen des Lebens.
Bei Dir.
Dann sind die Illusionen geplatzt,
die ich für Wirklichkeit hielt.
Endlich.
Gott sei Dank.

Dir sei Dank,
für den Ballast,
der mich zwingt,
abzusteigen,
mich wieder am Boden festzumachen,
mich in *Dir* zu verankern.

Ich lasse mich in Dich hinein fallen

»Selbst eine Tragödie kann ein getarntes Geschenk sein«, meint Elisabeth Kübler-Ross. Sie berichtet von ihrem Bauernhof, der mit allem, was sie besaß, einem Brand zum Opfer fiel. Sie hätte darüber verzweifeln können. Doch sie ging in die andere Richtung: Sie ließ alles hinter sich und nutzte ihre innere Stärke dazu, sich auf Neues einzulassen.

Ich habe heute meinen Geldbeutel verloren. Vermutlich ist er mir gestohlen worden. Das ist natürlich nur eine kleine Tragödie, aber ärgerlich, zumal heute der Geburtstag meiner Frau ist und ich morgen in den Urlaub fahre. Ich hadere. Auch mit Dir. Warum? Warum bin ich dahin gegangen? Warum habe ich nicht besser aufgepasst? Hättest Du mir das nicht ersparen können?

Dabei weiß ich, wie lächerlich ich mich mache. Vor allem aber merke ich, wie sehr es mich aus der Fassung bringen kann, wenn etwas schief läuft, wenn etwas, was für meinen geregelten Lebensablauf wichtig ist, durchbrochen wird. Ja, wie schlecht ich es aushalten kann, dass *mir* so etwas passiert.

Doch ich werde mich nicht im Selbstmitleid baden. Ich werde mich nicht über Gebühr grämen. Ich werde das als Gelegenheit sehen, Ängstlichkeit, Sicherheitsdenken hinter mir zu lassen. Ich weiß, ich bin mir keine Sekunde lang sicher. Kein noch so dickes Bankkonto,

keine noch so sicher erscheinende berufliche oder ge-
sellschaftliche Stellung kann mich davor bewahren,
morgen schon einer ungesicherten Situation ausgesetzt
zu sein. Also werfe ich mich ins Heute und ins Morgen.

Ich lasse mich in Dich hinein fallen.
Ich gehe Dir entgegen.
Gehe dahin, wohin Du mich führst.
Dieser letztlich kleine Vorfall –
Du willst ihn mir nicht ersparen
und Du sollst ihn mir auch nicht ersparen.
Du willst mir auf meinem Weg
in die Freiheit etwas nachhelfen:
dass ich mich innerlich endlich frei mache,
losbinde,
entfessle von einem Denken und Vorstellungen,
die ein Bild von mir und über mich aufrechterhalten,
als befände ich mich auf der sicheren Seite.
Um so die Kräfte in mir zu entfesseln,
die ich dadurch brachliegen ließ,
statt sie ins Leben hinein zu feuern.

Die Fesseln lockern sich. Danke.

Ich bin verankert in Dir

Zwischendurch kommt mir der Gedanke: Was mache ich da eigentlich? Ich sage einfach, gehe einfach davon aus, Gott ist da. Du bist da. Doch mein Zögern dauert nur einen kurzen Augenblick.

Du bist da.
So wie Du da gewesen bist in der vergangenen Nacht.
Als ich Blut schwitzte.
In meiner Ölbergnacht.
Als ich zunächst dachte, die Angst zerreißt mich.
Ich musste alles an innerer Kraft dagegen aufbieten, um nicht von der Angst davongetragen zu werden.

Ich weiß es nicht, vor was ich Angst hatte. Plötzlich war sie da. Mir hilft es zu wissen, dass es sich um eine irrationale Angst handelt. Also versuche ich sie auszuhalten, schaue sie an, spreche mit ihr. Ich setze mich ihr entgegen. Hole mir immer wieder her, dass ich der Kapitän meines Lebens bin und ich mich dazu entschieden habe, mich von der Angst nicht in die Resignation und Verzweiflung treiben zu lassen, sondern in die andere Richtung – hinein ins Leben – gehen werde.

Mein Schiff, ich,
bin verankert in Dir.
Die einzige Sicherheit bist Du.
Nicht eine äußere Sicherheit,
die mich vor Scheitern und Schaden bewahren würde.
Nein, meine innere Sicherheit.
Die Gewissheit,
in Dir geborgen zu sein,
von Dir gehalten zu werden,
auch wenn die Angst mich zu zerreißen droht.

Zugleich spüre ich, dass die Gefühle von Angst und
Schwermut, die mich bedrängen und bedrücken, Sinn
machen. Mir etwas sagen wollen. Mich wieder mehr an
mich heranführen wollen, mich wieder mehr in Kontakt und in Verbundenheit mit Dir bringen wollen.

Sie wollen mich dazu einladen, vielleicht auch dazu nö-
tigen – das spüre ich immer deutlicher –, bewusster zu
leben. Die Zeit, die ich habe, erfüllter zu leben. Meiner
Endlichkeit ins Auge zu sehen. Nicht länger etwas
festhalten zu wollen, seien es die Kinder oder berufli-
cher Erfolg, was nicht festzuhalten ist. Nicht länger an
etwas hängen zu bleiben, was nicht mehr ist. Endlich –
wieder – mitzufließen im Fluss des Lebens. Mich von
Dir mitnehmen und mitreißen zu lassen, wohin Du
mich trägst. »Wer sich einmal dem Schicksal überlassen
hat, der ist befreit«, sagt Hermann Hesse.

Dir überlasse ich mich – gern!

Ich will mein Ja zu Dir
erneuern und bestärken

Manchmal denke ich, Du schickst mich in Angst und Depression, damit ich tiefer sehen kann. Ich mich, um es mit Kohelet, dem Prediger aus dem Alten Testament, zu sagen, daran erinnere, dass alles Windhauch ist. Ich das ja keinen Augenblick lang vergesse.

Ich habe es vergessen. Ich dünkte mich in Sicherheit. Doch nicht nur das. Ich kenne die Seite an mir, die meint, ich sei etwas Besonderes. Dabei weiß ich, dass ich mir sicher bin, dass ich nichts Besonderes bin. Ich will auch nichts Besonderes sein. Aber der Narzissmus ist sehr stark. Ich erlebe es offensichtlich als eine große Kränkung, wenn ich erfahren muss, dass mir passiert, was jedem anderen passieren kann.

Davon muss ich herunter.
Von diesem Thron will ich herabsteigen.

Dabei hilfst Du mir im Augenblick,
in dem Du mich in Angst und Depression schickst.
Es zumindest zulässt.
Mir zuliebe.
Damit ich mich einreihe
in die Schar der Normalsterblichen.
Nicht vergesse, heute kann das letzte Heute sein.
Um dann aber auch im Heute
und aus dem Heute heraus zu leben.

Ganz bewusst, wie wenn es tatsächlich
das letzte Heute wäre.

So sterbe ich im Augenblick, um zu leben.
In mir stirbt eine Lebenseinstellung,
die nicht länger tragfähig ist.
Ich kann mich nicht absichern.
Scheitern, Krankheit, Tod – sie kommen,
wann sie wollen.

So will ich mein Ja zu Dir erneuern und bestärken.
Ich will Dir danken für die große Sensibilität
gegenüber meiner Begrenztheit und Endlichkeit,
die Du mir durch die Erfahrung
von Angst und Depression schenkst.

Mein Herz ist bei Dir

Mir fällt die Erzählung aus dem Neuen Testament ein,
die von dem Mann handelt, der seine Schätze hortet
und noch in der gleichen Nacht sterben wird. Auf der
Suche nach der Stelle bleibe ich bei Matthäus 6,19 ff
hängen. Da heißt es: »Ihr sollt euch nicht Schätze sammeln auf Erden, wo sie Motten und der Rost fressen
und wo die Diebe nachgraben und stehlen. Sammelt
euch aber Schätze im Himmel, wo sie weder Motten
noch Rost fressen und wo die Diebe nicht nachgraben
noch stehlen. Denn wo euer Schatz ist, da ist auch
euer Herz.«

Schätze im Himmel sammeln heißt für mich,
meinen Sinn, mein Glück
nicht nur auf der Erde suchen.
Immer, zu jeder Zeit, in Verbundenheit mit Dir leben.
Den Schatz, den ich in Dir habe –
und es ist der kostbarste, den ich habe –,
ständig zu hüten und zu pflegen.
Alles, was ich tue oder lasse,
soll davon bestimmt sein,
ob es sich mit meiner Verbundenheit mit Dir
verträgt oder nicht.
Jedenfalls soll es nicht dazu beitragen,
diese Verbundenheit zu gefährden oder zu schwächen.
Denn diese Verbundenheit mit Dir
ist mein Fundament,
die Achse, um die sich alles dreht.

Du bist mein Fundament.
Du allein.
Du bist das Wertvollste, was ich »besitze«.
Du, mein Schatz.

Von Pierre Teilhard de Chardin wird berichtet, dass er
als Kind fasziniert zuschaute, als die blonden Locken,
die ihm seine Mutter abschnitt, im Feuer verbrannten,
um schließlich weinend das Zimmer zu verlassen. Daraufhin sammelte er Eisenstücke, bis er feststellte, dass
Eisen rostete. Schließlich sammelte er Steine, da sie ihm
unzerstörbar erschienen.

Meine unzerstörbaren Steine,
mein Schatz,
bist Du.
Du, mein Gott.
»Wo euer Schatz ist, da ist auch euer Herz.«
So ist mein Herz bei Dir.
Dich kann mir niemand nehmen,
selbst wenn mir alles sonst genommen würde.

Du bist die Liebe,
die stärker ist als alle Angst

Die Angst hat sich zurückgezogen. Ich bin mir nicht ganz sicher, ob ich froh darüber sein soll. Allzu schnell registriere ich bei mir die Neigung, einfach wieder in die übliche Gangart hinüberzugleiten. Natürlich bin ich auch froh, dem Gefängnis der Angst wieder entwichen zu sein. Doch sie kann und soll mich nicht umsonst heimgesucht haben.

Du warst mir in diesen Stunden und Tagen sehr nahe.
Sicher auch weil ich Dich gebraucht habe.
Aber auch weil Du für mich in dieser Phase
tiefer erfahrbar warst.
Ich war Dir einfach näher.
Und jetzt?
Bist Du jetzt weiter entfernt von mir?
Auch jetzt bist Du da.
Hier.
Aber ich erlebe und erfahre Dich weniger intensiv.

Es ist ganz sicher gut, nicht immer so existentiell herausgefordert zu werden wie in den vergangenen Tagen. Das wäre auf Dauer kaum auszuhalten. Aber ich will die Botschaft der Seele, die mir dadurch vermittelt werden sollte, nicht überhören. Die aber lautet, soweit ich es verstanden habe: Wähne dich nicht auf der sicheren Seite! Bleibe in ständiger Verbindung mit dem, was nicht vergeht, dir wirklich Halt gibt!

Das aber bist Du, mein Gott.
An Dir will ich mich immer wieder festmachen.
Aus der erfahrenen Verbundenheit mit Dir
will ich leben.
Bin ich mit Dir verbunden,
wird mich letztlich nichts erschüttern können.

Du bist die Tiefe,
die mich trägt.
Du bist der Felsen,
der unverrückbar ist und unzerstörbar ist.
Du bist die Liebe,
die stärker ist als alle Angst.
Du bist da in meiner Angst,
so wie Du da bist, wenn ich mich frei von Angst fühle.
So wie Du jetzt, in diesem Augenblick, hier bist.
In diesem Raum.
Bei mir.

Du bist Labsal für meine Seele

Du bist da.
Jetzt.
Hier bei mir.
Ich vernehme ein leichtes Nachwehen meiner Ängste.
Allein um Deine Anwesenheit zu wissen,
ja, sie zu erfahren, beruhigt mich.
In mir wird der Impuls immer stärker,
meine Angst in Kraft umzuwandeln.
In eine Kraft, die mich nach vorne bringt,
die mich davor bewahrt,
den Rückzug anzutreten, mich zu verkriechen.

Du, mein Gott, hast mich in das Leben hinein-
    geworfen,
damit ich meinen Weg finde und gehe.
Die Dynamik, mit der Du mich ausgestattet hast,
bleibt allzu oft an irgendwelchen Ereignissen hängen,
wird gebremst, umgeleitet.
Ich spüre den Impuls, mich
– von der Angst angetrieben –
noch mehr ins Leben hineinfeuern zu lassen.
Noch bewusster, intensiver zu leben.
Wie wenn Du mir die Angst geschickt hättest,
um mich aus der vermeintlichen Sicherheit aufzu-
    jagen,
um mich noch ungeschützter, vorbehaltloser
ins Leben hinein zu stürzen.

Du, mein Gott,
ich muss zwischendurch immer wieder einmal
   innehalten.
um mich Deiner Anwesenheit zu vergewissern
und dieses wunderbare Gefühl auszukosten,
das davon ausgeht, dass ich mir Deiner Nähe
bewusst werde und sie spüre.
Das ist Labsal für meine Seele.
Du bist Labsal für meine Seele.
Für mich.
Du bist die Nahrung,
die mir die Energie schenkt,
deren ich bedarf,
um mich dem Leben,
dem Jetzt und dem Morgen auszusetzen.

So gehe ich vertrauensvoll, rückhaltlos in den Tag,
angefeuert von Deiner göttlichen Energie
und einer Kraft,
die vorher durch meine Angst
festgehalten worden war.

Was immer geschieht:
Du bist bei mir.

Du in mir und ich in Dir

Ich spüre jetzt wieder stärker die Schwere. Ich muss an den Vergleich mit dem Ballast am Heißluftballon denken, der dafür Sorge trägt, dass wir nicht abheben. Depression als Ballast, der uns nach unten drückt, verhindert, dass wir im Himmel verglühen.

Ich übersetze das für mich mit: Abschied nehmen von Sicherheitsdenken. Damit einhergehend: alle Energie, alle Wachheit für den Augenblick bereithalten. Ganz im Moment leben. »Die Ewigkeit ist in der Gegenwart«, schreibt Thomas Merton (1992, 56).

Die Ewigkeit bist Du.
Wenn ich in Kontakt bin mit Dir,
ist die Ewigkeit in der Gegenwart.
Bist Du in meiner Gegenwart,
lebe ich im Jetzt und in der Ewigkeit.

Jetzt rührt sich wieder meine Sehnsucht.
Die Sehnsucht nach Dir.
Die Sehnsucht danach,
dass Du ganz in mir,
ich ganz in Dir bin.

»Du, der in meiner Brust schlummert, wirst nicht in Worten erfahren, sondern nur indem Leben in Leben hervortritt. Man findet Dich in der Gemeinschaft: Du in mir und ich in Dir und Du in ihnen und sie in mir.

Losschälung in Losschälung, Gelassenheit in Gelassenheit, Leere in Leere, Freiheit in Freiheit. Ich bin allein.
Du bist allein. Der Vater und ich sind eins« (Merton
1992, 58).

Ballast abwerfen!? Es ist das alte Thema: Loslassen
oder losschälen, wie es Thomas Merton nennt. Sterben,
um zu leben. Ich dachte, ich hätte das hinter mir. Welche Illusion! Und davon werde ich gerade heruntergehol-
holt. Der Ballast zieht mich in die Tiefe. Wenn ich
(wieder?) unten bin, auf meinem eigentlichen Grund
gelandet bin – bei Dir –, ist der Ballast überflüssig geworden.

Wir sehen uns!

»Wenn ich einmal soll scheiden,
so scheide nicht von mir«

Ich stelle mir vor, dieser Abend ist der letzte Abend meines Lebens. Ich schaue um mich. Atme ein, atme aus. Ein großer Frieden durchströmt mich. Ich will gar nicht mehr als gehen, einatmen, ausatmen. Ich schaue auf die Berge um mich herum, den Wald. Ich laufe am Bach entlang. Große Dankbarkeit macht sich in mir breit.

Dankbarkeit für das Leben, das mir von Dir geschenkt wurde. Es war eine Fülle. Es war ein Reichtum. Du hast es gut mit mir gemeint. Angst hat jetzt keinen Platz mehr in mir. Sie ist der Dankbarkeit gewichen.

Bald wird mein Weg zu Ende sein. Mir fallen die Worte aus Bachs Kantate ein: »Wenn ich einmal soll scheiden, so scheide nicht von mir.« Erinnere ich mich richtig? Doch das ist jetzt egal.

Du bist ja da.
Jetzt. Bei mir.
Bald werde ich ganz bei Dir sein.

Du, mein Gott.
In meiner Angst und Bedrängnis bist Du mir so nahe,
so nahe wie sonst nicht.
Die Vorstellung, nur noch diese Nacht zu leben,
beunruhigt mich nicht.

Wovor sollte ich denn eigentlich noch Angst haben?
Wo ich doch vor dem Tod keine Angst habe!
Also, Bruder Tod, vertreib' Du die Angst,
die mich im Leben überfällt.
Du, mein Gott, ich bin bereit, zu sterben
und ich bin bereit zu leben.
Sei Du bei mir im Sterben
und sei Du bei mir im Leben.

»Wenn ich einmal soll scheiden,
so scheide nicht von mir.«
Ob es heute oder morgen oder erst in 20 Jahren ist.
Ich vertraue darauf, dass Du bei mir bist,
dann – und jetzt im Leben.

»Alles wandelt sich und stirbt und verschwindet. Fragen tauchen auf, nehmen ihre zeitgemäße Form an und verschwinden ebenfalls. In dieser Stunde werde ich aufhören zu fragen, und Schweigen soll meine Antwort sein« (Merton 1992, 56 f.).

Du forderst mich ganz schön heraus

»Ich hebe meine Augen auf zu den Bergen.
Woher kommt mir Hilfe?
Meine Hilfe kommt vom Herrn« (Psalm 121).
Meine Hilfe kommt von Dir.
Wie gut es ist,
mich an Dich wenden zu können
und wenden zu dürfen.
Aufzuschauen zu Dir,
meinem Gott.
Mich zu Dir hinwenden zu dürfen.
Alles in mir auf Dich auszurichten.

Es tut so gut, mit Dir zu reden. Dabei weiß ich gut, was
Thomas Merton (1992, 57) meint, wenn er schreibt:
»… ein Zwiegespräch mit Dir, das auf dem Weg über
die Welt geführt wird, endet immer in einem Zwiegespräch mit meinem eigenen Spiegelbild im Strom der
Zeit. Mit Dir gibt es kein Gespräch, es sei denn, Du
wähltest einen Berg und umhülltest ihn mit Wolken
und prägtest Deine Worte in Feuerschrift dem Geiste
des Moses ein.«

Ich mache es wie er. Ich spreche zu Dir und schaue auf
zu den Bergen oder tief in mein Herz und vernehme
Deine Antwort und Deine Fragen in der Erfahrung
meiner Verbundenheit mit Dir und meiner Sehnsucht
nach Dir.

Die Hilfe, die ich im Augenblick von Dir erfahre, ist ein zunehmend stärker werdendes Gefühl von Sicherheit und Zuversicht. Ich komme wieder mehr mit meinen Konturen in Berührung. Es ist eine Kraft, die mir hilft, mich zu wehren, aber auch zuzuschlagen. Ich spüre Dich als den Begleiter, der mich ermutigt, in die Offensive zu gehen, die aggressive Seite zuzulassen. Mich nicht einschüchtern und verunsichern zu lassen.

Dazu gehört auch: mir selbst gegenüber hart zu sein, im Sinne von »mich nicht gehen lassen«, zu meiner Verantwortung zu stehen, entschieden und klar zu sein.

Du forderst mich ganz schön heraus.
Ich verstehe Dich ja.
Du willst, dass es spannend bleibt.
Doch übertreib es nicht!

Mit Dir durch die Angst
hindurchgehen

Ich schaue auf die Berge, um von dort eine Antwort von Dir zu erfahren. Wie umgehen mit meiner Angst? Mir fällt der Durchzug durch das Rote Meer ein – oder warst Du es, der es mir einflüsterte? Ich stelle mir vor, wie ich einfach durch das Meer gehe, darauf vertrauend, dass Du mich führst, dass Du mich sicher hindurchführen wirst.

Ich gehe einfach darauf los. Lasse mich nicht beirren von den aufgetürmten Fluten, die jeden Augenblick über mich herabstürzen könnten. Sie sind mir ganz nahe. Ja, fast berühre ich sie. Doch ich gehe einfach ruhig weiter. Ich gehe durch all das hindurch, was mich abhalten will, vorsichtig sein lässt, Vorbehalte in mir aufbaut, grüblerisch sein lässt usw. Ich gehe rückhaltlos hindurch – in die Freiheit.

Genau das werde ich tun.

Ich weiß,
Du bist bei mir.
Was immer geschieht.
Auch dann, wenn die Fluten über mich herabstürzen
und ich in ihnen ertrinken sollte.
Auch dann bist Du bei mir.
Wie Du immer bei mir bist,
warst und sein wirst.

Durch die Angst hindurch gehen.
Nicht um sie herum gehen.
Mich nicht von ihr vertreiben lassen.
Du gehst dabei mit mir.
Auf Dich kann ich mich verlassen.
Du kneifst nicht.
»Mit meinem Gott überspringe ich Mauern«,
heißt es in einem Psalm.
Mit Dir überwinde ich meine Angst.
Denn Du bist stärker als meine Angst und alle Angst.

So gehe ich mit Dir durch die Angst hindurch.
Ich gehe mit Dir in das Gelobte Land,
dem Ort der Freiheit,
dem Ort, an dem die Knechtschaft
und Unterdrückung durch Angst
ihr Ende finden,
Enge in Weite übergeht,
Verzweiflung in Zuversicht.

Der Berg liegt im Dunkel. Schweigen macht sich breit.

Du bist da, schweigend.
Ich lausche Deinem Schweigen,
tauche ein in Dein Schweigen,
das mich birgt und hält.

Ich gehe Dir entgegen – mit Dir

Zuversicht macht sich in mir breit.
Du machst Dich in mir breit.
Du trittst an die Stelle von Angst und Verzweiflung.
Mit Dir werde ich weitergehen.
Nicht nur weitergehen.
Die Zukunft, meine Zukunft gestalten.
Du hast mich hinausgeworfen in das Leben,
nicht, damit ich vor Angst erstarre,
sondern lebe, jeden Tag neu, damit
»Leben im Leben hervortritt« (Thomas Merton).
Wo »Leben im Leben hervortritt«,
da begegne ich Dir.
Das aber will ich tun.
Mein Leben lang.
Bis ich am Ende Dir unverstellt begegne.

So gehe ich meinen Weg, Schritt für Schritt.
Gehe einfach weiter.
Durch die Angst hindurch, in die Fremde.
Dir entgegen – mit Dir.

Während ich wieder einmal auf die Berge schaue, umgeben von Wolken, höre ich Dich sagen: Schau! Habe
ich dich nicht schon einen sehr langen Weg geführt?
Einen Weg voller Erfolg und Irrungen, aber eben *deinen* Weg. So wird es weitergehen. Zumindest in etwa.
Also, mache dich auf den Weg, zögere nicht. Es geht
weiter. Dein Leben geht weiter.

Du hast ja Recht.
Ich bin ja auch bereit, weiterzugehen.
Ich will nicht stehenbleiben.
Ich habe mich schon auf den Weg gemacht.
Du bist ja bei mir.
So sehr ich weiß,
dass Du
– aus meiner Empfindung heraus –
mir sehr fern sein kannst.
»Bin ich denn nur ein Gott der Nähe,
nicht auch ein Gott der Ferne?« (Jeremia 23, 23).

Im Augenblick bist Du mir nahe.
Vielleicht wäre es auch an der Zeit,
dass ich mich nicht länger
so sehr an Dir festklammere.

Du brennst in mir

In der Nacht bin ich aufgewacht und verspürte ein brennendes Gefühl. Ein Gefühl zwischen Schmerz und Sehnsucht, zwischen Verzweiflung und Sehnsucht. Sofort kam mir der Gedanke: Das ist der Heilige Geist.

Das bist Du.
Du lebst in mir.
Du brennst in mir.

Da läuft augenblicklich etwas ab in mir, wo ich nichts anderes tun kann als abzuwarten und auszuhalten.

Auch jetzt, während des Tages, spüre ich die Nachwehen des Brennens, das Wirken des Heiligen Geistes. Deines Arbeitens an mir. Immer deutlicher wird mir: In mir vollzieht sich im Augenblick eine Wandlung. Die Traurigkeit bis hin zur Depression, die ich in diesen Tagen verspüre, ist Ausdruck einer seelischen Krise, bei der in meiner Psyche Veränderungen vor sich gehen. Eine Läuterung? Wieder einmal ein Sterben, um zu leben?

Ich weiß, dass das immer wieder dran ist, und doch hat es mich dieses Mal so richtig erwischt. Plötzlich war es da, dieses Grübeln, Hinterfragen, diese Angst bis hin zur Verzweiflung. Es hilft mir zu wissen, meine Seele ist am Wirken.

Du bist am Wirken.
Du willst mich wieder mehr in die Tiefe führen,
mich wieder mehr
meiner Bestimmung näher bringen.

Die aber meine ich im weltlichen Mönch, in der Person
zu entdecken, die sich auf Weniges beschränkt, die die
Einsamkeit liebt, aus der Erfahrung Deiner Nähe zu
leben sich bemüht.

Es bist Du, der an mir wirkt,
dem ich in meiner Angst und im Brennen begegne.
Weil Du mich liebst.
Weil Du willst,
dass ich nach meiner Bestimmung lebe.
Vor allem aber weil Du meiner Sehnsucht nach Dir
die Türe öffnen willst,
so dass ich Dir näher komme,
noch intensiver
aus der erfahrenen Nähe mit Dir leben kann.

Mir fällt ein Satz aus dem Nachlass von Friedrich
Nietzsche ein: »Wo Sehnsucht und Verzweiflung zu-
sammenfallen, da entsteht Mystik.« Ich wünsche mir
so sehr, dass ich mir hier nichts vormache und mich
das, was gerade geschieht, Dir näher bringt.

Ich glaube an Dein Herz,
das durch alle Ängste hindurch-
gegangen ist

Heiliger Geist,
Du, mein Gott,
»wasche, was beflecket ist,
tränke, was da dürre ist« (Pfingsthymnus).
Ich spüre, wie Du immer mehr an mir wirkst.
Seit ich weiß, dass Du es bist,
kann ich es besser aushalten.
Weiß ich und fühle ich doch,
dass es mir zum Segen gereichen wird.
Also bleib' bei mir.
Schaffe an mir.
Setze den Läuterungsprozess fort.

Ganz weit hinten, besser: ganz tief in mir scheint eine
Ahnung davon auf, wie es sein wird, wenn Du Dein
Wirken an mir vollendet hast. Es ist wie ein Licht, das
in der Ferne leuchtet, von dem ein trauter Schein ausgeht. Ein Gefühl, wie es sein muss, wenn ich endlich
angekommen bin. Es ist wie eine Süße, die wie Selig-
keit schmeckt. Es ist so ein Moment, in dem einfach
gut ist, so wie es ist; ich sagen kann: »O Augenblick,
verweile, du bist so schön.«

Bei Matthäus 6,25f. heißt es: »Sorget nicht um euer Leben, was ihr esst, noch um eueren Leib, was ihr anziehen sollt ... Seht die Vögel des Himmels an. Sie säen

nicht, sie ernten nicht … Euer himmlischer Vater ernährt sie.«

Daraus jetzt zu lesen: Du, Gott, wirst für mich die Sorge übernehmen, damit es mir gut geht, ist eine schöne Vorstellung, aber wohl nicht, was Du mir damit sagen willst. Was Du mir damit sagen willst, ist: Du bist zu jedem Augenblick deines Lebens dem Nichts, dem Abgrund, der mit Angst gefüllt ist, ausgesetzt.

Allein der Gedanke daran macht einen schwindelig, kann einen in die Verzweiflung treiben. Jetzt kommt aber das Entscheidende – und ich glaube, das willst Du mir sagen: Du wirst nicht in den Abgrund der Angst versinken, wenn du den Mut hast, dich loszulassen, also nicht länger glaubst, dass du es bist, der dich vor dem Abgrund der Angst bewahren kann; wenn du inmitten der Angst einem anderen vertraust, den du nicht siehst, eine Hand suchst, die unsichtbar ist, an ein Herz glaubst, das durch all die Ängste hindurchgegangen ist (vgl. Goldbrunner 1946, 42).

Ich vertraue Dir,
meinem Gott,
mit zitterndem Herzen
und zugleich voller Hoffnung.

Ich übereigne mich Dir

»Heile, was verwundet ist, lenke, was da irre geht.«
Ja, heile, was verwundet ist.
Verschon mich nicht.
Erspare mir nicht den Schmerz,
der gespürt und durchlitten werden muss,
damit wirklich Heilung geschieht.

Wie viel unbearbeitete Angst, die tiefe Kerben in meiner Seele hinterlassen hat, mag sich in meiner Angst melden? Über eine lange Zeit liegt sie in der Tiefe verborgen. Doch kaum wird die Schicht zwischen ihr und dem Außen dünner, zeigen die anscheinend stabilen Sicherheitsvorkehrungen Schwächen, melden sich die alten Wunden.

Im Tiefsten, das weiß ich, bin ich ein ängstlicher Mensch. So gilt es auch meine Grenzen zu sehen und zu respektieren, so schwer mir das fallen mag. Ich weiß auch, dass es nicht ratsam ist, mich aus Angst bei Dir zu verstecken, mich dadurch davon abhalten zu lassen, mich dem Leben und seinen Schwierigkeiten zu stellen. So gut es geht, gehe ich dieser Aufgabe nicht aus dem Weg. Freilich auch mit Deiner Hilfe, mit Dir im Rücken. Das finde ich legitim.

Zugleich kenne ich aber auch eine Angst, eine Art existenzielle Angst, bei der mir nichts anderes übrig bleibt, als mich Dir einfach bedingungslos zu überlassen, will

ich nicht verzweifeln oder verrückt werden; mir ohne
»Wenn und Aber« zuzugestehen: Ich halte das nicht
aus. Ich versinke in diese Angst. Sie überkommt mich.
Es sei denn, Du bewahrst mich davor.

Hier komme ich an meine Grenzen.
Du nicht.
Was ich tun kann, das tue ich:
nichts mehr (dagegen) zu tun,
aber zugleich alles zu tun,
mich in Deine Arme fallen zu lassen.
»In manus tuas, pater, commendo spiritum meum –
In Deine Hände, Vater, befehle ich meinen Geist.«

Mich,
alles, was ich bin,
alles, was mich ausmacht,
übereigne ich Dir.
Jetzt und in Ewigkeit.

Man mag mir alles nehmen,
Dich kann mir niemand nehmen

Dieses Loslassen. Warum ist es so ungemein schwer? Ich will es aus dem Tiefsten meines Herzens heraus. Doch da gibt es auch den ganz normalen Menschen, den Adam, der nicht loslassen will, der sich absichern will, der sich an etwas festhalten will. Der sich mit aller Macht dagegen auflehnt, loszulassen.

Doch ich weiß: Ich kann erst dann frei und glücklich sein, unbeschwert, die vielgepriesene Gelassenheit erfahren, wenn ich mich einfach fallen lasse, all das Sorgen um Geld, Wohlstand, Anerkennung, Sicherheit lasse und ungeschützt, ohne Fallschirm, ohne Absicherungen, ins Leben gehe.

Das heißt nicht: keine Verantwortung mehr zu übernehmen, kein Geld mehr zu verdienen, mich nicht um die Familie zu kümmern, keinen Beitrag für die Gesellschaft zu leisten, mich nicht um die Armen und Entrechteten zu kümmern usw. Ich tue, was ich auch sonst tue. Doch ich tue es anders. Ich tue es einfach, ohne Angst, was morgen sein wird.

Und dann ist da der tröstliche Gedanke:

Man mag mir alles nehmen.
Was man mir nicht nehmen kann, ist
das Schweigen der Nacht,
ein Knien oder Sitzen vor Dir.
Mit geschlossenen Augen.
Das Gefühl, von Dir angeschaut zu werden.
Deine Nähe zu spüren.
Die Erfahrung der Verbundenheit mit Dir.

Das wird mir niemand nehmen können.
Das aber allein zählt.

So bleibe ich auf meinem Weg zu Dir.
Einem Weg,
der gekennzeichnet ist
von dem oft vergeblichen Bemühen,
loszulassen.
Bis Du Dich eines Tages meiner erbarmst
und ich wirklich loslassen kann,
ich mich nicht länger
an einer Vorstellung von Dir festklammere
und mich
– endlich –
fallen lasse.
In *Deine* Hände.

Dein Wille geschehe

»Wer sich einmal dem Schicksal überlassen hat, der ist befreit.« Diese Worte von Hermann Hesse gehen mir immer wieder durch den Kopf und durch mein Herz. Für mich heißt das auch: »Wer sich einmal Gott, Dir, überlassen hat, der ist befreit.« Heute beim Gottesdienst habe ich ganz bewusst gesprochen – aus der Tiefe meines Herzens heraus: »Dein Wille geschehe.«

Dann stand plötzlich die Erkenntnis vor mir, nein, tauchte aus meiner Seele hervor: Es liegt an mir, ob ich lebe, leben möchte oder ob ich das Leben absitzen will, ängstlich auf das hinstarre, was geschehen könnte. Ich entscheide mich noch einmal ganz bewusst für das Leben. Ich will leben. Jeden Tag. Jede Stunde. Jede Minute. Ganz bewusst mein Leben auskosten.

Das aber kann ich,
wenn und weil ich mich Dir überlasse.
Ja, mein Herr und mein Gott,
Dir überlasse ich mich, mein Leben,
Dir.
Es liegt ja ohnehin in Deiner Hand.
Doch es besteht ein großer Unterschied,
ob ich das akzeptiere,
ich mich Dir bedingungslos überlasse
oder mich dagegen sperre.

Ich will mich nicht dagegen sperren,
auch weil ich mich nicht gegen Dich sperren will,
Dich noch mehr in mein Leben hereinlassen will.

Ja, ich will mein Haus noch mehr
zu Deinem Haus machen.
Dir nicht nur in den fünf bis sechs Räumen
von den sieben bis acht Räumen, die ich habe,
Einlass gewähren,
sondern in allen Räumen.
Den Rest an Vorbehalt
muss ich und will ich noch aufgeben,
gebe ich auf.

Hilf mir dabei!
Dann bin ich endlich befreit.
Das aber will ich.

Mein Ziel ist, Dich zu schauen

»Die Ehre Gottes ist der lebendige Mensch«, sagt Irenäus von Lyon. Deine Ehre ist der lebendige Mensch. Das aber ist der Mensch, der atmet, der staunen kann, der wach durch das Leben geht. Lebendiger Mensch bin ich, wenn ich einatme, ausatme. Sehe, schaue. Bin.

Der drohende Streik, die Wirtschaftskrise, die immer niedriger werdenden Renten, das Geiseldrama, die Routine der Arbeit, der Druck, schön, erfolgreich, reich zu sein usw. usw. Das alles gehört zum Leben. Ist aber nicht *das* Leben. Ich kann es für mich zum Leben machen, kann darin aufgehen, kann sagen: Das ist das Leben. Mein Leben.

Ich kann aber auch sagen und entsprechend handeln: Leben ist doch mehr oder vielleicht auch weniger. Die kleine Pauline, von der eben Susanne erzählt hat, lehrt es mich erneut. Pauline bleibt vor jedem Schmetterling stehen, bewundert ihn. Sie entdeckt auf der Wanderung wunderschöne Steine, die sie trotz des Verbots ihrer Mutter einsteckt, um sie später zu bemalen. Henri David Thoreau (1979, 193), der fast zwei Jahre lang in einer Hütte am *Golden Pond* gelebt hat, fern der Zivilisation, und dabei mit dem wahren Leben in Berührung kam, schreibt: »Die Kinder, die das Leben spielen, erfassen seine Gesetze und Beziehungen richtiger als die Erwachsenen, die es nicht fertigbringen, es würdig zu leben.«

Vielleicht muss ich erst alles hinter mir lassen können,
um wirklich zu leben.

Wirklich zu leben.
Das schmeckt nach Dir.
Da leuchtet etwas vom Paradies durch.
Von Dir.

»Die Ehre Gottes ist der lebendige Mensch«, sagt
Irenäus und fährt fort: »Das Ziel des Menschen aber ist
das Schauen Gottes.«

Wenn ich wie die kleine Pauline lebe,
die sich über jeden Schmetterling freuen
und darüber staunen kann,
ich wirklich, wahrhaft lebe,
dann bin ich dem Ziel des Menschen sehr nahe:
Dich zu schauen.

Ich bin Dir dankbar für alles, was Du mir bis jetzt geschenkt hast

»Alles annehmen, was kommt«, heißt es in der Bhaga-vadgita. Alles annehmen, was kommt. Das meint:

Mich Dir überlassen.
Immer wieder will sich noch etwas in mir
dagegen auflehnen.
Ich will doch nicht »alles annehmen, was kommt«.
Und will es auch wieder doch.
Denn das meint ja, sich dem Schicksal,
Dir, meinem Gott,
zu überlassen.

Ich denke an die Menschen, die gegangen sind: meine Mutter, Yvonne, Doris, Konrad, Maria, Hildegard. Sie sind gegangen – und das Leben ist weitergegangen. Da sagen zu können: »Alles annehmen, was kommt«, da-gegen lehnt sich alles in mir auf. Da wird das furchtbar, furchtbar konkret.

Auch wenn ich eines Tages gegangen bin, wird das Le-ben weitergehen, immer weiter. Soll ich froh darüber sein, dass ich noch nicht gegangen bin? Dankbar dafür, dass Du mich noch nicht zu Dir (hoffentlich!) gerufen hast?

Ich bin Dir dankbar für alles,
was Du mir bis jetzt geschenkt hast.
So unendlich Vieles.
Ich könnte noch weitermachen.
Ich bin bereit dazu.
Ich will in Zukunft einiges anders machen.
Ich will wahrhaftiger leben,
einfacher leben.
Ich will meiner Sehnsucht,
bewusst zu leben,
unabhängig von äußeren Dingen zu sein,
mehr gerecht werden.
Schritt für Schritt.
Ich will noch mehr einfach nur sein,
atmen, einatmen, ausatmen, leben, sein,
schauen, lachen, einatmen, ausatmen.
Vor allem aber will ich noch mehr
aus der erfahrenen Verbundenheit
mit Dir, meinem Gott, leben.
Ich will das eigentliche Leben
nicht länger ersticken
in der Routine meines Lebens.
Das aber heißt für mich auch:
Ich will aus der unmittelbaren,
direkten Nähe und Begegnung
mit Dir leben.

Willst Du das auch mit mir?
Du tust es ja längst.

»Ohne Dein lebendig Wehen
nichts im Menschen kann bestehen«

Heute in der Frühe hast Du Dich
wieder besonders stark gemeldet.
Da war wieder dieses tiefe Gefühl
aus meinem Innersten heraus.
Ein Gefühl von Entschiedenheit und Bestärkung.
Bestärkung heißt Konfirmation.
Das steht für Geistsendung.
So habe ich es auch empfunden.
Die Sendung Deines Geistes der Stärke,
die mir zur Entschiedenheit verhilft.
Die mir Konturen gibt und Kraft verleiht.

Eine Kraft, die ich brauche,
um die stillen Lieder meines Herzens
laut vor mich hin zu singen,
wenn die Angst mich zu überschwemmen droht.

Ich habe in diesen Tagen
Deine heilende Kraft erfahren dürfen.
Ich habe erfahren dürfen,
dass »ohne Dein lebendig Wehen
nichts im Menschen kann bestehen«.

Ich bin daher auch entschiedener als bisher bereit,
Dir zu trauen,
mich auf Dich zu verlassen,
mein Haus des Lebens auf Deinen Grund zu bauen.
Ich bin entschiedener,
die Verantwortung für mein Leben zu übernehmen,
bewusster, klarer zu leben.
Dich in alle Zimmer meines Hauses hereinzulassen
und dort wohnen zu lassen.

Entschiedener zu leben heißt zugleich,
wahrhaftiger zu leben.
Wahrhaftiger, was meinen Lebensstil
und mein Verhalten betrifft.
Wahrhaftiger aber auch,
was die mir von Dir zugedachte Bestimmung betrifft.
Darauf, so wird mir immer mehr bewusst,
hast Du mich in der letzten Zeit
durch die Erfahrungen von Angst
aufmerksam machen und da hinführen wollen.

So kann ich Dir nur danken.
Danken für meine Ängste,
in denen Du mir so nahe gekommen bist.
Danken für Deine Begleitung
inmitten der Erfahrung von Angst.
Danken für Deine Bestärkung.

Wenn ich jetzt durchhalte,
werde ich Dir noch näher sein

Mein Geldbeutel ist wieder aufgetaucht, mit all den Papieren, außer dem Geld. Ich verspüre eine große Erleichterung. Doch die dahinterliegende Schwere in mir bleibt. Ich will auch nicht einfach wieder schnell zurückgleiten in das »normale« Leben. Ich will in meiner Schwere bleiben. Ich will in meinem Abschiedsschmerz verharren.

Ich will mich meiner Endlichkeit stellen, will das, was augenblicklich in mir stirbt, sterben lassen. Ich muss es sterben lassen, um wieder ganz leben zu können. Dabei weiß ich nicht genau, was da noch sterben muss. Es hat mit Erwartungen zu tun. Es hat mit der schlichten Tatsache zu tun, dass mir bewusst ist, dass mein Leben unentrinnbar dem Ende entgegengeht. Ich mich von dem, was war, zum Beispiel von Erlebnissen mit unseren Kindern, verabschieden muss. All das unwiederbringbar vorbei ist.

Es fällt mir schwer und zuweilen möchte ich am liebsten resignieren, den Kopf in den Sand stecken. Mich zur Ruhe begeben. Doch dann meldet sich auch die Seite in mir, die leben will. Jede Minute. Zugleich weiß ich, dass ich jetzt die Schwere nicht überspringen darf, sie zulassen muss, sie aushalten muss.

Und Du?
Wo bist Du in alledem?
Du bist mir so nahe und zugleich so fern.
Wenn ich jetzt durchhalte, werde ich Dir,
davon bin ich überzeugt,
noch näher sein.
Das aber will ich.

Also, lass mich die schwerevolle Zeit aushalten.
Gib mir die Kraft und Ausdauer, die ich dazu benötige.
Ich will es und ich weiß,
Du willst es auch,
bist es doch Du selbst, der in all dem wirkt.
Du als Heiliger Geist.
Amen.

Den Kreislauf zwischen Dir und mir nicht unterbrechen

Jetzt habe ich schon einige Tage lang nicht mehr
bewusst mit Dir gesprochen.
Ich merke, es fehlt mir etwas.
Du fehlst mir.
Mir wird klar,
so wie es wichtig ist mit dem Menschen, den ich liebe,
immer wieder zu sprechen,
so ist es auch wichtig,
immer wieder mit Dir zu sprechen.

Nicht, dass Du nicht auch da bist,
wenn ich nicht mit Dir spreche,
ich mir »nur« im Herzen
Deiner Anwesenheit bewusst bin.
Auch bist Du natürlich immer da,
ob ich jetzt an Dich denke oder nicht.

Doch ich spüre:
Ich bin mehr mit Dir in Kontakt,
spüre meine Beziehung zu Dir deutlicher,
wenn ich direkt mit Dir in Beziehung trete.
Das aber will ich: in Verbindung mit Dir sein.

Mir ist es wichtig,
im ständigen Kontakt mit Dir zu stehen.
Zu spüren, dass der Kreislauf zwischen Dir und mir
nicht unterbrochen wird,
die Energie zwischen uns ständig fließt.

Ich brauche das – für mich.
So wie ich die erfahrene Verbundenheit
mit dem Menschen, den ich liebe, brauche.
Es genügt mir nicht, nur darüber zu sprechen,
darum zu wissen.
Ich muss diese Verbundenheit spüren.
Das Sprechen mit Dir
hilft mir dabei sehr.

Also, Du, mein Gott!
Ich melde mich zurück.
Hier bin ich.
Und Du?
Wo bist Du?
Bist Du da?
Hier?
Jetzt?

Du, Unfassbarer,
ich kann Dich nicht sehen.
Doch ich spüre:
Du bist da!

Tritt ein unter mein Dach

Ich erlebe es als ein großes Geschenk,
erfahren zu dürfen,
dass Du,
mein Gott,
da bist.
Ich gleichsam eintauche in Dich,
Du eintauchst in mich.
Ich durch göttliche Energie
ständig mit Dir verbunden werde
und in Kontakt treten kann.

So labe ich mich an der göttlichen Energie,
die von Dir kommt.
Sie hilft mir,
den Tag zu gestalten und zu bestehen.
Sie hilft mir,
wenn Angst und Traurigkeit mich befallen.
Sie durchflutet und durchtränkt meine Angst
und mein Sorgen.
Die göttliche Energie,
die von Dir kommt,
mich an Dich anschließt,
nimmt mir das Gefühl,
der Erde, der Welt kalt ausgesetzt zu sein.

So strecke ich meine Hände aus nach Dir,
meinem Gott.
Ich falle vor Dir nieder.

Ergebe und überlasse mich Dir ganz.
Ich nehme die von Dir geschenkte göttliche Energie
dankbar an.
Lasse sie durch mich fließen.
Und gebe sie weiter.
Gebe sie zurück an Dich.
An den göttlichen Kreislauf,
der mich wieder mit Dir verbindet.

»O Herr, ich bin nicht würdig,
dass Du eintrittst unter mein Dach.
Aber sprich nur ein Wort,
so wird meine Seele gesund.«

So bete ich oft vor dem Empfang der Kommunion
in der heiligen Messe.
Dabei weiß ich natürlich,
dass ich in Deinen Augen sehr wohl würdig dafür bin,
Du eintrittst unter mein Dach,
Du mich besuchst.
Du da bist.

Das aber tut mir gut.
Das macht mich gesund.
Das lässt mich in Zuversicht leben.

Das ehrt mich.
Doch die Ehre,
das Verdienst
gebührt Dir.
Allein Dir,
meinem Gott.

Dir nahe sein zu dürfen verlangt, zu Deinen Händen zu werden

Wieder einmal in San Francisco. Ein Gefühl von Faszination und Fremdheit. Damals vor jetzt fast 30 Jahren, als ich nebenan in Berkeley studierte und oft nach San Francisco kam, habe ich immer wieder gefragt: Wo bist Du hier?

Wohnst Du hier?
Ich liege todmüde auf meinem Bett,
denke an Dich.
Ich sehne mich nach Dir.
Wenn ich müde bin,
mich am Ende meiner Kräfte erlebe,
erfahre ich Deine Anwesenheit besonders stark.
Ich bin dann mehr bei mir,
mehr auf mich selbst zurückgeworfen
und offensichtlich auch mehr bei Dir,
auf Dich angewiesen.

Dich ständig im Blick haben kann zur Herausforderung werden. So heute, als ich ewig lang auf das Mietauto warten musste und eine Familie auftauchte, die unbedingt gleich ihr Auto haben musste, um rechtzeitig zu einer Geburtstagsfeier zu kommen. Ich rang innerlich mit mir. Doch dann ließ ich sie vor, tauschte meinen Platz in der Warteschlange mit ihrem. Es stimmte so, aber es kostete mich auch Überwindung.

Das ist der Preis, den ich zahlen muss, will ich ständig mit Dir in Kontakt bleiben. Daraus ergeben sich Konsequenzen. Mitunter harte Konsequenzen. Doch den Preis zahle ich gerne, will ich zumindest gerne zahlen.

Da wird deutlich:

Dir nahe sein zu wollen und zu dürfen,
ist nicht nur eine Labsal für die Seele.
Es verlangt, aus mir herauszugehen,
auf die Menschen zuzugehen und für sie da zu sein.
Es verlangt, zu Deinen Händen zu werden,
die sich nach den Entrechteten,
den Armen, den Ausgebeuteten und Notleidenden
ausstrecken.

Später entdecke ich bei Pierre Teilhard de Chardin folgenden Text:
»Wer vom göttlichen Bereich leidenschaftlich gepackt ist, kann um sich keine Dunkelheit, keine Lauheit und keine Leere in dem ertragen, was von Gott erfüllt sein und von Gott schwingen sollte. Wenn er an die unzähligen Seelen denkt, die in der Einheit derselben Welt mit ihm verbunden sind und um die herum das Feuer der göttlichen Gegenwart noch ungenügend brennt, so fühlt er sich gleichsam erstarrt. Eine Zeitlang konnte er glauben, es genüge, nur seinen Arm auszustrecken, um Gott so zu berühren, wie er es wünschte. Jetzt aber merkt er, dass die einzige menschliche Umarmung, die das Göttliche würdig zu umfassen fähig ist, die Umarmung aller menschlichen Arme ist, die alle miteinander ausgebreitet sind, um das Feuer herabzurufen und zu empfangen.«

Meine Fantasien müssen vor Dir bestehen können

Es ist kurz nach zwei Uhr in der Frühe. Zu Hause ist es jetzt neun Uhr.

Du bist da.
In diesem einfachen Zimmer,
während ich draußen den Wind vorbeifegen höre.
Alle Zimmer in meinem inneren Haus
von Dir bewohnen lassen heißt auch,
in meinen Fantasien mir Deine Anwesenheit
bewusst zu werden.
Was ich an Fantasien zulasse,
muss vor Dir bestehen dürfen,
so sein, dass Du Dich bei mir
in meinen Fantasien wohl fühlst.

Unsere Fantasien sind der Ort, an dem wir wohl am meisten alleine sind. Es ist auch der Ort, an dem wir oft »ein anderes Leben« führen als in der Wirklichkeit, in unserem Alltag. Es ist der Ort, den wir in der Regel vor anderen verborgen halten.

Zugleich sind unsere Fantasien der Ort, an dem das in uns »sichtbar« wird, was auch zu uns gehört, wir aber nach außen hin oft verbergen. Hier in den Fantasien beginnen auch unsere Taten.

Da ist es eine große Herausforderung für mich,
Dich, meinen Gott,
ganz bewusst zu diesem Ort hereinzulassen
und als meinen Gast hereinzubitten.
Meine ich es ernst damit,
Dir mein ganzes Haus zur Verfügung zu stellen,
darf kein Zimmer ausgespart werden.

Komm herein.
Nimm Platz.
Betrachte meine Fantasien.
Beeinflusse sie durch Deine Gegenwart.
Durchtränke sie mit Deiner Anwesenheit.

Die Mystiker sagen,
dass Du mir inniger bist,
als ich jemals Dir innig sein kann.
Sei mir inniger in meinen Fantasien,
als ich Dir jemals innig sein kann.

Vor Dir und für Dich
will ich durchsichtig sein

Ich sitze draußen.
Eine frische Brise umfängt mich.
Ich bin da.
Du bist da.
Ganz tief in mir meldet sich ein leises Glücksgefühl,
wachgerufen durch die Vorstellung,
dass Du da bist.
Die Vorstellung wird zur Erfahrung.
Hast Du Dich in diesem Gefühl gemeldet?

Ich erinnere mich an einen Vortrag von Pater Ronald
Rolheiser, in dem er unterscheidet zwischen dem guten
Menschen und dem großen Menschen, *the good and
the great man*. Der reiche Jüngling ist ein guter Mann.
Erst wenn er alles gibt, ist er auch ein großer Mann.

Ich will nicht ein großer Mann sein im Sinne von be-
deutend oder wichtig. Aber ich spüre den Antrieb in
mir, ein entschiedener, ja radikaler Mensch zu sein be-
ziehungsweise zu werden. Es ernst zu meinen zum
Beispiel mit meinem Christ-Sein. Das aber heißt, die
anderen Menschen, mich, Dich, meinen Gott zu lieben.
Es heißt, transparent, wahrhaftig zu sein. Ich spüre re-
gelrecht die Kraft, die davon ausgeht. Die Entschiedenheit und Klarheit. Davon bin ich weit entfernt.

Es ist nicht in erster Linie das falsche, unangemessene, vielleicht auch unmoralische Verhalten, was uns schwächt. Es ist die Unwahrhaftigkeit, die fehlende Transparenz.

Der lebendige Kontakt mit Dir, vor dem ich nichts verstecken kann und auch nichts verstecken will, fördert meine Bereitschaft, transparent zu sein. Vor Dir und für Dich will ich durchsichtig sein. Du darfst und sollst meine Armseligkeit, meine Kleinlichkeit, meine Verfehlungen und Verwicklungen sehen. Auch um mich in meinem Bemühen, mich zu ändern und zu bessern, zu unterstützen und zu stärken. In diesem Sinne will ich ein großer Mann werden, mich also nicht mit meinen Unzulänglichkeiten arrangieren, sondern entschieden, klar, aufrecht sein.

»Was nicht angenommen ist, kann nicht geheilt werden«, sagt Irenäus von Lyon. Was ich versuche zu verstecken, zu verleugnen, kann nicht geheilt, kann nicht verwandelt werden.

So vertraue ich darauf,
dass Du mich nicht alleine lassen wirst

In den Träumen der vergangenen Nacht sind mir viele Tiere begegnet – Wölfe und Hunde. Der Psychologe James Hillmann schlägt vor, Tiere, die uns in den Träumen begegnen, als Engel zu sehen. Die aber kann ich im Moment brauchen. Ich fühle mich so unsicher, schwach, instabil, ängstlich. Es hat mit Abschied zu tun. Abschied von den Kindern, Abschied von einem Lebensabschnitt, Abschied von Verhaltensweisen, die ich überwinden möchte.

Ich glaube, ich befinde mich augenblicklich gerade auf halbem Weg. Ich bin noch nicht dort, wo ich hingelangen möchte. Ich bin aber auch nicht mehr da, wo ich war. Manchmal würde ich gerne einfach zurückgehen, so tun, als habe sich doch eigentlich nichts verändert und als könnte alles wie bisher, vielleicht mit kleinen Korrekturen, weitergehen. Doch letztlich weiß ich, dass ich mir dann etwas vormachen würde.

So hänge ich dazwischen, spüre den Schmerz über das, was war und nicht mehr sein wird. Zugleich kann ich das, was mir an Neuem erwachsen wird, wenn ich durchhalte, noch nicht auskosten. So bleibt mir nichts anderes übrig als auszuharren in diesem Zwischenstadium, die traurigen Gefühle auszuhalten und zuzulassen, mit meiner Verwundbarkeit liebevoll umzugehen.

Ihre Meinung ist uns wichtig!

Welchem Buch haben Sie diese Karte entnommen?

_____

Erfüllt das Buch inhaltlich Ihre Erwartungen?

_____

Wie gefällt Ihnen die Gestaltung des Buches?

_____

Was würden Sie an diesem Buch gerne anders wünschen?

_____

☐ Senden Sie mir bitte Ihren Neuerscheinungsprospekt
    ☐ einmalig   ☐ regelmäßig
☐ Informieren Sie mich bitte per E-Mail über Ihre
    Neuerscheinungen

www.echter.de

Wie sind Sie auf das Buch aufmerksam geworden?

☐ Prospekt
☐ Rezension
☐ Anzeige in Zeitschrift
☐ Empfehlung des Buchhändlers
☐ Homepage des Verlages
☐ Internet allgemein
☐ Andere _____

Vor- und Zuname

Beruf

Straße/Hausnummer

PLZ/Ort

E-Mail

Ich interessiere mich vor allem für Literatur aus den
Bereichen

☐ Religion/Theologie ☐ Gemeindearbeit/Pastoral
☐ Franken/Bayern ☐ Lebenshilfe/Meditation

Schicken Sie Ihren Katalog auch an:

Vor- und Zuname

Straße/Hausnummer

PLZ/Ort

Antwort

Echter Verlag
Dominikanerplatz 8

D-97070 Würzburg

In alledem spüre ich Dein Wirken und Wollen.
Es ist an der Zeit, mich dem zu stellen,
und Du willst es mir nicht ersparen – mir zuliebe.
So vertraue ich darauf,
dass Du mich nicht alleine lassen wirst,
mir beistehen wirst.
Vor allem aber das Deine dazu beiträgst,
dass ich nicht schwach werde,
zurückschaue und umkehre.
Ich will den schweren Weg gehen.
Ich will es.
Ich weiß, er bringt mich weiter.
Den Weg bis zum Ende zu gehen
ist Voraussetzung dafür,
um auferstehen zu können,
wieder froh, zufrieden, glücklich sein zu können.

Der Dichter Alexis Kazantzakis sagt:
»Jeder muss sein Kreuz auf sich nehmen und seinen
Golgatha besteigen, um gekreuzigt zu werden, will er
auferstehen. Die meisten Menschen bleiben auf halbem
Wege stehen, brechen heulend zusammen, da sie glauben, nicht die Kraft dazu zu haben.«

Ich kann das gut verstehen.
Ich hoffe, ich schaffe es,
selbst wenn ich zwischendurch hinfallen sollte.
Lass Du mich nicht in Stich!

Lasse die ganze Welt hinter dir und vergiss sie

»Sitze in deiner Zelle, als wäre es das Paradies. Lasse die ganze Welt hinter dir und vergiss sie. Beobachte deine Gedanken so, wie es ein Fischer tut, der nach den Fischen Ausschau hält. Der Pfad, dem du folgen sollst, ist in den Psalmen. Verlass ihn niemals.« So heißt es im Text aus der Regel des hl. Romuald, den ich in meiner Klosterzelle, in einer kleinen Einsiedelei im Kloster der Camaldolenser in Big Sur, vorfinde.

Ich sitze da und bin offen dafür, mich wie im Paradies zu fühlen. Äußerlich fällt mir das gar nicht schwer. In meinem Gärtchen gibt es Trauben und Pflaumen. In der Speisekammer im Kloster Erdbeeren, Käse, Milch und was weiß ich. Meine Einsiedelei beherbergt einen Schlafzimmerbereich mit Dusche und Toilette, einen Wohnbereich und eine kleine Kapelle. Draußen Sonne, Meer, Big Sur.

Doch darum geht es nicht. Deswegen bin ich nicht gekommen. Ich will das Paradies in mir (wieder) finden. Das mich nährt, erfreut, Leben in Fülle erfahren lässt. Das Paradies vergangener Zeiten ist zu Ende. Das neue Paradies wird anders sein. Auf alle Fälle (noch) weniger von äußeren Bedingungen abhängig sein.

Ich will mich auf die Suche danach machen, befinde mich ja bereits mitten in der Suche. Da ich es nicht in der »Welt« finden werde, die mich eher davon abhält, will ich die Empfehlung des hl. Romuald ernst nehmen und die Welt hinter mir lassen. Ich werde in die Welt der Psalmen eintauchen, im Vertrauen darauf, darin den Pfad zu meinem (neuen) Paradies zu entdecken, über die Psalmen dahin zu gelangen.

Eile,
Gott,
mich zu erretten,
Herr,
mir zu helfen.
Du bist mein Helfer und Erretter,
Herr,
säume nicht!
(Psalm 70,2.6bc)

Etwas in mir ist noch ausgedorrt

»Du hast mir meine Klage verwandelt in einen Reigen,
Du hast mir den Sack der Trauer ausgezogen
und mich mit Freude gegürtet,
dass ich Dir lobsinge und nicht stille werde,
Herr, mein Gott,
ich will Dir danken in Ewigkeit.«
(Psalm 30,12.13)

Diese Psalmverse habe ich gerade in der Vesper gesungen und dabei die Hoffnung in mir verspürt, dass Du tatsächlich meine Trauer in Freude verwandelst.

Ganz langsam komme ich hier an, tauche ein in die Welt hier auf dem Berg. In die Gebete, in das Schweigen, in die Nacht meines Lebens. Ich will es wirklich. Ich will mich ganz einlassen, aber nichts forcieren.

Meine Zelle wie ein Paradies betrachten. Ich fühle mich wohl hier. Aber ich könnte mir auch vorstellen, jetzt in das nahegelegene Esalen zu gehen, dort in den warmen Quellen und Hot Tubs zu baden, mir eine Esalen-Massage zu gönnen. Das verbinde ich mit Paradies.

Doch ich werde hier bleiben, bis die Zelle für mich zu Esalen wird. Ich muss warten, aushalten. Was in mir zum Durchbruch kommen will, ist etwas anderes als eine Esalen-Erfahrung. Es ist etwas in mir, das noch brach liegt oder ausgedorrt ist. Es ist zur Liebe gewordene Sehnsucht, die noch blockiert ist, noch nicht aus sich herausgehen kann.

Es ist die gebremste,
in ihrem Kreislauf noch gebrochene Hinwendung
zu Dir, meinem Gott.
Wenn diese Hinwendung sich ganz entfalten kann,
ganz ungebremst sich zu Dir hinbewegen kann,
bricht das Paradies für mich an.
Wird es Wirklichkeit.
Es hängt *auch* von mir ab,
ob ich diesen Pfad einschlagen will
oder mich doch wieder lieber auf Kompromisse
einlasse,
die mich wegführen
von der radikalen Hinwendung zu Dir.

»Unruhig sind unsere Herzen, bis sie ruhen in Dir, unserem Gott« (Augustinus).

»Und uns vor unserer Heilung
sagt ärgeren Schmerz voraus«

Ich wache auf mit der Melodie, mit der hier im Kloster die Psalmen gesungen werden, während ich auf Englisch einen Psalm rezitiere. Es ist von einem *Cub of Water* und *Save me* die Rede. Der Pfad, dem du folgen sollst, ist in den Psalmen, sagt der heilige Romuald. Im Traum, der mich geweckt hat, befinde ich mich im Krankenhaus und werde am Arm operiert. Ein etwas heruntergekommener Arzt, der sich mir sehr freundlich zuwendet, behandelt mich.

Die Behandlung geht weiter. Der Heilungsprozess schreitet voran. Im Traum sage ich zum Arzt: Ich bin ein Angsthase, ich habe Angst vor Schmerzen. Er gibt mir daraufhin eine Spritze, die den Schmerz stillen oder dämpfen soll.

In diesem heruntergekommen wirkenden Arzt
begegnest Du mir.
In Deiner Freundlichkeit und Zugewandtheit.
In Deinem Sorgen und mit Deinem Können.
Du ersparst mir nicht die Operation,
aber Du machst sie erträglich für mich.
Ich will auch der Operation nicht ausweichen.
Ich will mich ihr stellen.
Ich will wieder gesund werden.

Als ich aufwache,
nehme ich ein schönes Gefühl in mir wahr.
Ein leichter Anflug von Freude.
Wie lange nicht mehr.
Ein Gefühl von Leichtigkeit.
Sofort gehen meine Gedanken zu Dir,
dankbar.
Wirst Du meine Traurigkeit in Freude verwandeln?
Ich vertraue darauf,
in meiner Zelle, in mir, in meinem Leben,
das augenblicklich verlorene Paradies
(wieder) zu entdecken.

So verweile ich in meiner Klosterzelle,
sitze hier, lasse die Welt hinter mir
und betrete immer mehr die Welt der Psalmen,
die mir den Weg, der zum Paradies führt
oder wohin auch immer, zeigen wird.

In einem Gedicht schreibt T. S. Eliot (1988, 299f.):

»Das Siechtum wird zum eigentlichen Heil,
wenn wir uns der Sterbe-Schwester fügen,
die stets bemüht ist, uns nicht anzulügen,
sondern zu erinnern an unseren und Adams Fluch
und uns vor unserer Heilung sagt ärgeren Schmerz
voraus.«

»In Deine Hände
befehle ich meinen Geist«

Wo immer ich hinschaue, wann immer ich die Psalmen
bete, mitten in der Nacht in meiner kleinen Kapelle, in
der Frühe bei der Vigil, jetzt beim Nachlesen in deut-
scher Sprache, springen Worte, Sätze aus dem Text,
sprechen mich an, berühren mich tief, sagen mir: *Das*
ist es, *darum* geht es.

»In Deine Hände befehle ich meinen Geist; Du hast
mich erlöst, Herr, Du treuer Gott« (Psalm 31, 6). »Meine Zeit steht in Deinen Händen« (Psalm 31, 16a). Wie
oft bete, singe ich: »In manus tuas, pater, commendo
spiritum meum.« Wie sehr trifft das genau in dieser
Zeit, in diesen Tagen zu.

In Deine Hände,
mein Gott,
befehle ich meinen Geist,
mein Leben,
meine Zukunft.

Es ist das immerwiederkehrende Thema:
wirklich loszulassen,
von mir loszulassen,
mich ohne Absicherung
Dir bedingungslos, radikal überlassen.
Ich fühle mich so erbärmlich, nicht
– noch nicht –

dazu in der Lage zu sein.
Dabei will ich es doch.
Weiß ich doch, dass meine Zeit
in Deinen Händen steht.
Nicht in meinen,
auch wenn ich so tue, als wäre es der Fall.

Ich ahne, dass der Pfad, der mich zum Paradies führt, in diese Richtung geht, gehen muss. Ich daran nicht vorbeikomme. Denn »wenn sie auch sind prächtige Auen, werden sie doch vergehen, wie Rauch vergeht« (Psalm 37, 20 cd.). Es steht für all das, was bisher mein Paradies war, was ich mir aufgebaut hatte, dessen ich mir sicher war, doch »wie Rauch vergeht«.

Es gibt keine Sicherheit.
Auch für mich nicht.
Du bürgst nicht für meine Sicherheit.
Wofür Du bürgst, ist,
dass Du mein Vertrauen nie enttäuschen wirst,
dass Du bei mir und mit mir sein wirst
– jetzt und in Ewigkeit.

»In Deine Hände befehle ich meinen Geist.
Du hast mich erlöst, Herr, Du treuer Gott.«

Siehe, meine Tage sind eine Handbreit bei Dir

Ich habe ihn gefunden – meinen Psalm. Heute bei der Vigil. Sofort spürte ich: Das ist er.

»Herr, lehre mich doch,
dass es ein Ende mit mir haben muss
und mein Leben ein Ziel hat
und ich davon muss.
Siehe, meine Tage sind eine Handbreit bei Dir,
und mein Leben ist wie nichts vor Dir.
Wie gar nichts sind alle Menschen,
die doch so sicher leben.
Sie gehen daher wie ein Schatten
und machen sich viel vergebliche Unruhe;
sie sammeln und wissen nicht,
wer es einbringen wird.« (Ps 39,5–7)

Das bin ich: diese Menschen, die sammeln und nicht wissen, wer es einbringen soll. Das bin ich mit meiner Unruhe. Das bin ich, der nichts ist, obwohl er doch so sicher lebt. »Lehre mich, dass es ein Ende mit mir haben muss.« Ein Ende haben muss mit meinem Sicherheitsdenken. Ich muss akzeptieren, dass meine Tage eine Handbreit bei Dir sind. Mein Leben endlich ist, ich immer mehr auf das Ende zugehe.

Ich hätte nie gedacht, dass mir das so schwer fällt, das zu akzeptieren. Erst als ich vor einem halben Jahr für eine kurze Zeit in Unsicherheit lebte, ob ich Krebs habe, überfiel mich jäh die Angst, ich müsste vielleicht sterben. Todesangst pur. Seitdem lässt mir meine Seele wohl keine Ruhe mehr, bis ich mich dieser Wirklichkeit meiner Endlichkeit ernsthaft stelle, weil ich sonst von dem Pfad abdrifte, der mich weiterbringt, der jetzt dran ist.

In meiner Seelentätigkeit spüre ich Deinen Einfluss.
Du wirkst über meine Seele.
In ihr hast Du Dir eine Möglichkeit geschaffen,
mich im Blick zu haben,
mir »personal« individuell nahe zu sein,
für mich zu sorgen.
Oder ist es Dein Heiliger Geist,
der in meiner Seele wirkt?
Du, der Heilige,
der Heilige Geist selbst,
der pure Liebe ist,
durch sie wirkst.

»Nun, Herr, wessen soll ich mich trösten?
Ich hoffe auf Dich!
Höre mein Gebet, Herr,
und vernimm mein Schreien,
schweige nicht zu meinen Tränen,
denn ich bin ein Gast bei Dir.« (Ps 31,8.13)

»Ich will schweigen
und meinen Mund nicht auftun«

»Wenn du gerade angekommen bist im Kloster und trotz deines guten Willens nicht erreichen kannst, was du willst, dann nimm jedwede Möglichkeit wahr, die Psalmen in deinem Herzen zu singen und sie mit deinem Verstand zu verstehen. Und wenn dein Verstand herumirrt, während du liest, gib nicht auf; eile zurück und passe deinen Geist noch einmal den Worten an«, schreibt der heilige Romuald in seiner Regel.

Ich bin, so glaube ich, schon weitergekommen. Ich spüre nicht länger die Schwere und Traurigkeit, die gestern noch so sehr auf mir lastete. Ich habe Zeit, Zeit, Zeit. Ich gehe zu den Gebetszeiten, wandere umher, spreche da und dort mit Gästen und Mönchen. Ich sitze da, schreibe, lese die Psalmen. Alles andere, was mich beschäftigt, die Arbeit zu Hause, die Familie, ja selbst die existenzielle Angst, die mich in der letzten Zeit so sehr im Griff zu haben scheint, ist weit weg. Natürlich denke ich an meine Frau, meine Kinder, Freunde. Doch ich bin vor allem hier. Teil dieses Klosters, der Landschaft, des Schweigens. Bei Dir.

»Ich will schweigen und meinen Mund nicht auftun« (Ps 39,10a). Ich will schweigen, will nicht über all das nachdenken, gar grübeln, was mich beschäftigt, was war. »Lass ab von mir, dass ich mich erquicke, ehe ich dahinfahre und nicht mehr bin« (Ps 39,14). Gemeint ist, nimm von mir, was mich belastet, ängstigt – wenn es soweit ist –, damit ich mich erquicke, ich mich wieder freuen kann. Im englischen Text heißt es: damit ich (wieder) atmen kann. Leben kann, jetzt, heute. »Ehe ich dahinfahre und nicht mehr bin.«

Das genau aber tue ich jetzt:
atmen,
mich erquicken,
leben.
Was hält mich sonst davon ab?
Das, was in Psalm 39 Sünde genannt wird.
Meine Verfehlungen,
meine faulen Kompromisse,
meine Weigerung.
Dir alles zu geben,
100 Prozent auf Dich zu setzen?

»Errette mich aus aller meiner Sünde,
Herr, Du mein Gott.«

Ein zaghaftes Anklopfen bei Dir

Du, mein Gott,
ich weiß,
auch wenn ich es wage,
auf diese Weise mit Dir zu sprechen,
mache ich mir in einer gewissen Weise etwas vor.
Es ist nicht mehr als ein zaghaftes Anklopfen bei Dir.
Ich vertraue darauf,
dass Du mich hörst.
Doch es hängt ganz alleine von Dir ab.
Ich kann dazu nichts beitragen.

Doch.
Etwas kann ich dazu beitragen:
daran zu glauben.
Das aber heißt,
darauf zu vertrauen,
dass Du mich hörst.

Dennoch bleibt alles, was ich sage,
ein hilfloses Gestammel,
wo ich vielleicht tatsächlich nur schweigen sollte.
Doch so bin ich:
ein Mensch,
bedürftig zu reden,
mich durch meine Worte auszudrücken.

Wo sind die Fische in meinen Gedanken, von denen
der hl. Romuald spricht, wenn er sagt: »Beobachte dei-

ne Gedanken so, wie es ein Fischer tut, der nach den Fischen Ausschau hält.« Wo ist das, was ich suche? Wonach suche ich? Was sagen die Psalmen? Im Moment ist es die Abgeschiedenheit hier in der Wildnis, in der Stille, die mir gut tut. Die neue Lebensgeister in mir weckt. Die mir hilft, wieder mit meinem Innersten in Berührung zu kommen. Wenn ich bei mir bin, mich spüre, mich nicht durch Sorgen und Ängste von mir abbringen lasse, kann ich wieder atmen, lebe ich auf, lebe ich, erquicke ich mich.

Ist es die alte Einsicht, ganz im Jetzt zu leben, mir keine Sorgen zu machen über das, was war, und das, was sein wird, worum es augenblicklich in meinem Leben geht?

Ich weiß es nicht. Es ist ja doch auch Abschied, Loslassen, wesentlicher werden. Doch nicht, um jetzt schon sterben zu wollen, dem Leben aus dem Weg zu gehen, das restliche Leben abzusitzen. Vielmehr um wieder zu atmen, mich zu erquicken, das (neue) Paradies jetzt schon zu entdecken und darin zu leben.

»Wenn Du den Menschen züchtigst um der Sünde willen, verzehrst Du seine Schönheit wie die Motten ein Kleid« (Ps 39,12). Ich selbst bin es, der sich entstellt, der seine innere Schönheit verzehrt. Ich selbst züchtige mich mit Schuldgefühlen ob meiner Fehler und Verfehlungen, die ich mir nicht verzeihen will.

Hilf mir, barmherziger mit mir selbst umzugehen!

Deine Liebe bleibt mir
immer erhalten

Alle unsere menschlichen Versuche,
etwas über Dich zu erfahren,
gar von Dir etwas zu wissen,
sind stümperhafte Versuche,
mal mehr, mal weniger Andeutungen,
die wohl meistens auf der Oberfläche bleiben.
Die vielen Kirchen und davor schon Religionen
sind ein beredtes Beispiel dafür.
In ihnen zeigt sich der Reichtum
dieses Bemühens und die Sehnsucht,
Dich zu begreifen,
mit Dir in Kontakt zu kommen.

»Aber ein bisschen heiliger ist er schon.« Mit diesem
Satz aus einem Traum bin ich aufgewacht. Es ist kurz
nach 1 Uhr in der Frühe. Wie oft glaube ich das: besser
zu sein, heiliger zu sein, von Gott ein wenig mehr ge-
liebt zu sein als andere Menschen. Welch eine Vermes-
senheit! Welch eine Arroganz!

Du liebst mich unermesslich,
aber nicht mehr und natürlich
auch nicht weniger
als andere Menschen.
Es kränkt mein Ego,
mich auf die gleiche Stufe mit anderen zu stellen,
erfahren zu müssen,

dass ich nicht privilegiert bin,
auch ich endlich bin,
mir ein Unglück zustoßen kann,
ich eben nicht auf der sicheren Seite lebe.

Dabei scheine ich
in meiner Gekränktheit zu vergessen,
dass Du mich unermesslich liebst.
Das nichts mit meiner Vergänglichkeit zu tun hat,
mit meinem Scheitern-Können.
Deine Liebe bleibt mir immer erhalten.
Sie ist unendlich.
Du schweigst nicht zu meinen Tränen.

So reihe ich mich ein in die Reihe
meiner Väter, meiner Vorfahren,
die wie ich Gast sind bei Dir.
Ich lasse ab von der Vorstellung,
etwas Besonderes zu sein,
Anspruch auf eine Ausnahme zu haben.
Ich klinke mich ein
in den Reigen und den Rhythmus des Lebens,
den Du festlegst.

»Ich hoffe auf Dich.« (Ps 39,8b)

»Er liebt mich,
darum will ich ihn erretten;
Er kennt meinen Namen,
darum will ich ihn schützen.« (Ps 91,14)

Ich will Deiner Melodie lauschen

Die Psalmen singen in mir, begleiten mich in meinem Schlaf und in meinen Träumen. »Der Pfad, dem du folgen sollst, ist in den Psalmen.« Die Psalmen selbst sind mein Leben, sie sind mein Wegbegleiter. *Den* Pfad gibt es nicht. Aber es gibt die Psalmen, die mich auf dem Weg, den ich jeden Tag neu gehen muss, begleiten. Sie sind ständig da, tragen dazu bei, dass ich meine tiefste Sehnsucht, heimzukommen, anzukommen, nicht verliere. So zeigen sie mir den Weg, den ich gehen muss, um der Verwirklichung meiner Sehnsucht näher zu kommen.

Der heilige Augustinus bezeichnet die Psalmen als Lieder der Heimat. Lieder, die von der Heimat künden und die die Sehnsucht nach der Heimat in uns erhalten.

Komm heim, meine Seele.
Orientiere dich wieder
an den Gesängen der Psalmen,
an der Melodie deines Herzens.
Du bist abgekommen von dem Weg,
hast die Melodie deines Herzens vergessen.
Komm heim zu dir.
Komm heim.
Was suchst du dein Paradies außerhalb von dir,
wo du es doch nur in dir finden kannst?!

Ich will Deiner Melodie lauschen.
Wenn Deine Melodie übergeht in meine,
meine in Deine,
bin ich wahrhaft angekommen.
Dann kann ich den Sack der Trauer ablegen
und mich mit Freude gürten (Ps 30,12).

Die Psalmen sind der Weg.
Du bist mein Weg.
Ich brauche nur Dir zu folgen.
Jeden Tag neu,
die Psalmen mit der Zunge, dem Mund und im Herzen
singend.
Sie sind dann wie ein guter Freund,
der mich daran erinnert,
wenn ich dabei bin,
die Melodie meines Lebens zu vergessen.

»Höre mein Gebet.« (Ps 39,13)

Du bist größer als alles

Beim Gang zur Vigil, über mir der einzigartige Sternenhimmel, durchfährt es mich: Gott, Du bist größer, größer als alles. Von dieser Erkenntnis – ach nein, es war ein Staunen – geht etwas Tröstendes aus. Alles in mir und um mich herum wird größer, weiter. Engt mich nicht länger ein. Sperrt mich nicht länger ein in Grübeln und Sorgen.

Du bist größer als alles.
Heute feiern wir das Fest Maria Himmelfahrt.
Sie ist mit Leib und Seele
in dieses Größere eingegangen.
Ich bin noch auf Erden, und das ist gut so.
Und wenn Du es auch willst,
werde ich noch für eine Weile hier bleiben.
Doch ich schaue Maria hinterher,
wie sie in den Himmel auffährt.
Ich will jetzt schon etwas von der Weite spüren,
die damit einhergeht,
wenn ich in den Himmel aufgenommen werde.

Ich will jetzt schon den Himmel
in mein Leben hereinlassen,
um mich von ihm weiten zu lassen,
um ihn jetzt schon zu spüren und zu schmecken.
So dass der Himmel sich in mir ausbreitet,
das Paradies in mir entstehen kann.

So betrete ich meinen Innenraum,
freudig und angespannt zugleich.
Bereit, den Himmel in mir
zu entdecken und zu erfahren,
zugleich besorgt, mir etwas vorzumachen,
enttäuscht zu werden.

Du bist größer als alles.
Von dieser Erkenntnis will ich mich berühren lassen.
Ich will nicht abheben,
will mit beiden Füßen auf dem Boden
der Wirklichkeit bleiben.
Doch ich will mich auch wundern
über Deine Größe,
mich von dieser Größe in Bann ziehen
und anziehen lassen.
Meine Begrenztheit,
mein Kleinlich- und Ängstlich-Sein
in Deine Größe und Großzügigkeit eintauchen.
»Mich durch Unermessliches erleuchten« (Ugaretti).

»Er ruft mich an,
darum will ich ihn erhören.
Ich bin bei ihm in der Not,
ich will ihn herausreißen und zu Ehre bringen.
Ich will ihn sättigen mit langem Leben
und ich will ihm zeigen mein Heil« (Ps 91,15 und 16).

Der Duft eines verlockenden
»Etwas« lockt uns an

Ruhe ist in mir eingekehrt. Was mich noch vor Tagen sehr beschäftigte, ist von meinem Empfinden weit weg. Nach den Sufi-Meistern ziehen die Jahre unseres Lebens dahin, in denen wir kein spirituelles Empfinden entwickeln. Dann, eines Tages, wenn das Glück uns hold ist, hören wir den *Ruf* und machen uns auf die Suche, uns an das zu erinnern, was wir vergessen haben. Dabei sind wir uns nicht so sicher, was wir vergessen haben. Aber der Duft eines verlockenden »Etwas« lockt uns an. So kämpfen wir und bemühen uns; bis plötzlich die gedanklichen Tore, die die Flut abgehalten haben, aufbrechen, und wie der Prinz in »The Hymn of the Pearl« erinnern wir uns an unsere königliche Herkunft – und unseren Auftrag. Im Augenblick des Durchbruchs erkennen wir, dass wir zu Hause angekommen sind (Moody 1997, 271).

Bin ich angekommen?
Endlich!
Bei mir.
Das Wundern darüber,
dass Du größer bist als alles –
hat das dazu geführt,
dass die zurückgehaltenen Fluten
entbunden werden konnten,
um sich über mich zu ergießen,
mein Inneres zu durchfluten?

Mit sich reißend
meine Ängstlichkeit, Angst, Unsicherheit?

In diesem Augenblick hat alles
wieder seine ihm zukommende Bedeutung bekommen.
Du bist größer als alles –
das hat die Tore aufgestoßen zum Himmel,
zu Dir.
Und es hat damit auch die Tore geöffnet hin zu mir.
So dass Du in Deiner Unermesslichkeit
Dich in mir ausbreiten kannst.
Am Fest Maria Himmelfahrt.

Bleib bei mir, Du Unermesslicher,
Du mein Gott.
Nichts ist unfassbarer als Du,
nichts ist zugleich mir näher und persönlicher als Du.
Erfülle, fülle mich mit Deiner Unermesslichkeit.
Tauche mich ein in Deine Unermesslichkeit.
Dann bin ich in Dir und Du bist in mir.

Leere dich ganz und gar

»Nehme neben allem andern wahr, dass du dich in Gottes Gegenwart befindest, und stehe da mit der Einstellung jenes, der vor dem Herrscher steht. Leere dich ganz und gar und sitze da, wartend, zufrieden mit der Gnade Gottes, wie das Küken, das nichts probiert und isst, mit Ausnahme von dem, was die Mutter ihm gibt.« Das ist die letzte Empfehlung aus der Regel des heiligen Romuald.

So sitze ich da, wartend.
Und das fällt mir gar nicht schwer.
Ja, ich kann und will im Augenblick
auch gar nicht mehr tun.
Dabei meine ich,
dass Du mir schon gegeben hast
oder gerade dabei bist,
mir zu geben,
was ich an Nahrung brauche:
Ruhe, Gelassenheit, Zuversicht,
Dankbarkeit, ein Gefühl von leisem Glück.

Irgendwo im Hintergrund spüre ich noch das Grollen des vorausgegangenen Gewitters. Die Blessuren, die davon herrühren, sind noch nicht ganz geheilt. Doch stärker ist das Gefühl von Vertrauen, von Ergebenheit. Ja, ich kann loslassen, zumindest besser. Kann mehr die Führung in meinem Leben Dir, mich Dir überlassen.

Ich bin in Deiner Hand.
Und ich bin das gerne.
Ich überlasse mich Deinen Entscheidungen.
Ich vertraue Dir,
anvertraue mich Dir.
Du wirst mich führen,
wohin ich gehen soll.
Du entscheidest über mein Ende hier auf Erden.
Allein Du.
Und das ist gut so.
Ich habe das nicht in der Hand.

Ich habe mein Leben nicht in der Hand.
Du hältst es in Deinen Händen.
In meinem Leben und in meinem Sterben.
Bis ich in meinem Tod Dir näher bin,
als ich zu Lebzeiten jemals sein werde.

Du verwandelst mich,
lässt mich aufgehen in Dir

Immer und immer wieder geht es mir durch den Kopf
und durch das Herz:

Du bist größer als alles.
Du bist größer als meine Sorgen
um meine persönliche und berufliche Zukunft.
Du bist größer als mein Abschiedsschmerz
über die Kinder, die das Haus verlassen.
Du bist größer als meine wehmütigen Erinnerungen
an früher, an das, was war und jetzt nicht mehr ist.
Du bist größer als mein Bedauern
über begangene Fehler.
Du bist größer
als meine unerfüllten Wünsche und Sehnsüchte.

Du bist größer.
Es ist, wie wenn ich alles in dieses Größere einpacke,
mit diesem Größeren einwickeln, umhüllen kann.
Es ist dann aufgehoben in Dir,
der Du größer bist als alles.
Ich akzeptiere damit meine Endlichkeit,
meine Grenzen
und bin zugleich eingebunden in Dein Größer-Sein.
Überlasse ich mich doch selbst dem Größeren,
Dir.

Du bist größer als alles –
das nimmt mich mit sich, wie ein Sog.
Das befreit mich, heilt mich, vertreibt die Angst.
Du bist größer als alles –
das verwandelt mich, lässt mich aufgehen in Dir,
lässt mich ruhen in Dir.

Jetzt bin ich endlich angekommen,
zu Hause eingetroffen.
Bei Dir, in Dir.
Ich habe wieder gefunden, was ich verloren hatte:
die Erkenntnis *from the bottom of my heart*
– vom Grunde meines Herzens –
bis hin zur letzten Zelle meines Gehirns:
Du bist größer als alles,
und ich muss nichts tun und kann nichts anderes tun,
als mich diesem Größeren zu überlassen,
Dir,
meinem Gott.

So überlasse ich mich Dir.
Endlich kann ich es zulassen,
kann ich lassen, loslassen,
mich einfach in Dich,
der Du größer bist als alles,
hineinfallen lassen.

Dir allein gebührt die Ehre

Gott ist größer als alles.
Du bist größer als alles.
Über mir ein einzigartiger Sternenhimmel,
der mich Deine Größe erahnen lässt.
Unter mir das Rauschen des Ozeans,
das Aufprallen der Wellen an die Felsen von Esalen.
Ich im Becken mit warmem Wasser
gegen zwei Uhr in der Frühe.

Du bist größer als alles.
Immer wieder spreche ich diesen Satz.
Im Sprechen formt sich das *Vater unser.*
Vater mein,
der Du bist im Himmel,
jener »anderen Welt«,
die unendlich viel größer ist als meine Welt.
Geheiligt werde *Dein* Name.
Dir allein gebührt die Ehre,
Dir,
der Du größer bist als alles.
Dein Reich komme.
Deine Unendlichkeit komme in meine kleine Welt,
meine Endlichkeit.
Dein Wille geschehe wie im Himmel so auf Erden.
Dein Wille, nicht meiner.
Dein Wille, der weiter sieht als das Wenige,
was ich überschauen kann.
Unser tägliches Brot gib uns heute.

Du weißt um unsere Bedürftigkeit,
unsere, meine täglichen Sorgen.
Den Alltag.
Vergib uns unsere Schuld.
Wir sind verstrickt in unsere Unzulänglichkeiten,
unsere Armseligkeit.
Wie auch wir vergeben unseren Schuldigern.
Du weißt, wie unheimlich schwer uns das oft fällt,
obwohl es so befreiend sein kann,
anderen zu vergeben.
Und führe uns nicht in Versuchung.
In die Versuchung, zu glauben, es Dir gleichtun
zu können. Uns an Deine Stelle zu rücken.
Uns statt Dir die Ehre zu geben.
Und erlöse uns von dem Bösen.
Der Überheblichkeit, an Dir vorbei
unser Leben in die Hand nehmen,
unsere Welt gestalten zu wollen.
Denn Dein ist das Reich
und die Kraft und die Herrlichkeit.
In Ewigkeit.
Ja, Dein ist das Reich und die Kraft.
Lass mich eintreten in Dein Reich.
Schließe mich an Deine Kraft an,
damit sie mich zu Dir führt,
der Du größer bist als alles.

»Sitze da, wartend,
zufrieden mit der Gnade Gottes«

»Sitze da, wartend, zufrieden mit der Gnade Gottes«
(hl. Romuald). Meine Zeit hier im Kloster der Camaldolenser geht zu Ende. Ich kann gut gehen, auch wenn
es mir nicht ganz leichtfällt.

Ich gehe weg,
genährt von der Erkenntnis,
dass Du, mein Gott, größer bist als alles.
Diese Erkenntnis, von der für mich
so viel Befreiendes ausgeht,
erlebe ich als Gnade.
Du bist größer als alles.
Das neu, tief in mir verstehen und ermessen zu können
berührt mich zutiefst.

Was braucht es mehr?
Was brauche ich mehr?
Ach könnte ich doch in dieser Gelassenheit verbleiben,
die von diesem ›Du bist größer als alles‹ ausgeht.
Ach könnte ich doch in dieser Haltung
meinen Alltag angehen und bestehen,
der Zukunft entgegengehen!

Ich will es versuchen. Ja, ich will es. Vor allem will ich
lassen, was nicht mehr ist. Ich will zulassen, was mich
noch schmerzt, um dann auch irgendwann den
Schmerz loszulassen. Ich will mich nicht länger so sehr

festhalten an dem, von dem ich meine, es sei mein
Grund, meine Sicherheit. Ich will mein Bestes tun,
meiner Verantwortung nachkommen, meinen Mann in
meinem Leben stehen, mich hinstellen, wenn nötig
auch kämpfen.

Ich will dabei aber nie mehr vergessen,
dass Du größer bist als alles
und alles, was ich tue,
unter dem Vorbehalt steht,
dass Dein Wille geschehe
im Himmel wie auf Erden.

Ehre sei Dir, Vater, Sohn, Heiliger Geist,
wie im Anfang, so auch jetzt und alle Zeit
und in Ewigkeit.
Denn *Dein* ist das Reich und die Kraft
und die Herrlichkeit.
Amen

»Mach' Du mich zu Deinem Werkzeug!«

Die Welt hat mich wieder. Rush hour. Amerikanischer Alltag. Während ich mich dem Verkehr anpasse, ohne ungeduldig zu werden, kommen mir immer wieder die Worte in den Sinn: Du bist größer als alles. Hier benötige ich sie fast noch mehr als in der Wildnis und Abgeschiedenheit Big Surs. Welch ein Kontrast zwischen Big Sur und den vollgestopften Straßen und der zersiedelten Bay-Area!

Du bist nicht nur eine Kraft,
von der wir abhängig sind,
Du stellst auch Forderungen an uns.
Es genügt nicht, mich Dir zu überlassen,
Deine Kraft und Herrlichkeit zu rühmen
und Dir zuzugestehen,
dass ich von Deiner Macht abhängig bin.
Daraus erwächst zugleich die Forderung,
mich in den Dienst Deiner Macht zu stellen,
also mich für die Armen einzusetzen,
mich für den Erhalt unserer Schöpfung
starkzumachen.
Und so weiter und so fort.

Wie schnell könnte man doch der Versuchung erliegen, sich zurückzuziehen – wie ich es die letzten Tage gemacht habe. Ich kenne sehr wohl die Sehnsucht danach. Doch da würde ich es mir zu einfach machen. Ich muss und will meinen Beitrag dazu leisten, für die Welt, meine Mitmenschen da zu sein, mich einzumischen, mich ins Getümmel unserer Wirklichkeit zu stürzen, bereit, mir die Hände schmutzig zu machen.

Ich will das tun, wenngleich ich mich im Augenblick auch noch etwas geschwächt fühle, meine, noch etwas Schonung zu benötigen.

Ich will Deine Kraft und Macht vorantreiben,
mich davon ermächtigen lassen,
ins Leben, meines und das meiner Mitmenschen,
hineinzuwirken.

»Mach' Du mich zu Deinem Werkzeug!«

Im Beten des Vater unser
meiner Seele ein Zuhause geben

Meine innere Reise geht weiter.

Im *Vater unser* habe ich *das* Gebet entdeckt,
mit dem ich mir vergegenwärtige,
dass Du, mein Gott,
größer bist als alles.

Jetzt bete ich das Vater unser seit meiner Kindheit und
bis jetzt bin ich mir dieses Aspektes – was heißt da Aspekt? –, dieser Wucht, die im *Vater unser* liegt, so noch
nicht bewusst geworden.

Die Seele hat dort ihr Zuhause, wo gebetet wird. Das
Gebet ist die Wohnung der Seele, sagt der jüdische
Theologe Abraham Heschel. Im Beten, besonders im
Beten des *Vater unser*, findet meine Seele ein Zuhause.
Im Beten findet meine obdachlose, verängstigte, heimatlose Seele den Ort, wo sie Schutz, Ruhe, Geborgenheit erfahren darf.

Im Beten,
das mich aufrichtet,
hin zu Dir,
meinem Gott,
dem meine Ehre gilt,
werde ich angeschlossen an Dich,
wird das Zuhause meiner Seele zu Deinem Zuhause,

nimmst Du Wohnung bei mir.
Im Beten betrete ich das Haus
als Bittsteller und Fremder
und kehre von dort zurück
als Zeuge und naher Verwandter (Abraham Heschel).

Ohne Gebet ist meine Seele ohne ein Zuhause, das
Kontinuität, Beständigkeit, Intimität, Endlichkeit
kennzeichnet (Abraham Heschel). Das englische Wort
für Beständigkeit, *permanence,* wird im Wörterbuch
erklärt mit »Kinder brauchen Stabilität und Halt«. So
vermittelt mein Beten meiner Seele und mir Stabilität
und Halt.

Dies ist begründet in Dir,
meinem Gott,
der Du mein letzter Halt bist,
in Dir, in dem meine Seele verankert ist,
ich verankert bin.

Du bist somit mein Zuhause.
»Nur zu Dir hin wird Stille mein Verlangen.
Von Dir allein kommt mir Hilfe.«
Deinem Reich, dem Reich der Ewigkeit.

»Dein Reich komme,
Dein Wille geschehe,
wie im Himmel so auf Erden.«
Ja, Dein Reich komme.
Darin und dort ist mein wahres Zuhause.

Im heiligen Nichtstun
mein Beten krönen

Ich bete den Rosenkranz, jedenfalls eine Art Rosenkranz. Ich habe mir einen russisch-orthodoxen Rosenkranz in Big Sur besorgt, mit 18 Perlen. Beten, sagt Abraham Heschel, ist nicht eine Sache, die ich immer wieder einmal tue. Beten ist ein Zuhause für mein Innerstes. Es läutert und verwandelt mich. Es gibt meiner Seele eine Gestalt, einen Rahmen, eine Richtung und Ausrichtung.

Beten führt mich in die Tiefe, auch in die Tiefe meiner Empfindungen und Gefühle. Es lässt mich tiefer empfinden. »Wir beten, weil unser Begreifen von dem, was Leid im Tiefsten ausmacht, vergleichbar ist mit dem, was Schmetterlinge vom Grand Canyon begreifen«, sagt Abraham Heschel.

Beten beschränkt sich damit aber nicht auf das Beten wie eben, als ich den Rosenkranz betete. Beten, soll es ein Haus meiner Seele sein, ist eine Einstellung, ein Zustand, der ununterbrochen anhält.

Alles ist ein Lobpreis auf Dich,
das bewusste Beten
eine besondere Form dieses Lobpreises.
Im heiligen Nichtstun am Sabbat oder am Sonntag
erfährt unser Beten seine Krönung.
Da bleibt nur Zeit, Dich zu besingen und zu feiern.

Unseren Dank
für unser Dasein und Dein Dasein für uns
auszudrücken.

Es ist dunkel geworden. Ich sitze auf dem Balkon unserer Freunde in Lakeport, Kalifornien. Von ferne höre ich Geräusche der vorbeifahrenden Autos. Um mich herum das Abendkonzert der Grillen.

Auch das ein Gebet?
Ich lasse die Geräusche der Autos und der Grillen
einfließen in mein Gebet an Dich,
meinen Gott.
Ich nehme alles in mir und um mich herum
hinein in mein Gebet zu Dir,
meinem Gott.
Alle Gedanken, Erinnerungen, erfüllte und unerfüllte
Sehnsüchte,
alle Unzulänglichkeit, Ängstlichkeit und Zuversicht,
die Dunkelheit, das Singen der Grillen, die Geräusche
der Autos.
Als Gebet zu Dir,
meinem Gott,
der größer ist als alles.

»Seid stille und erkennet, dass ich Gott bin«

»Seid stille und erkennet, dass ich Gott bin« (Ps 46,11).
Manchmal spüre ich diese große Stille in mir,
die mich einlädt, einzutauchen in sie.
Dir zu begegnen, meinem Gott.

Ich liebe diese Momente, diese Zeiten.
Ich sehne mich danach.
Auch die Stille ist eine Form von Gebet,
ein Haus meiner Seele.
Eine Höhle, in die ich eintrete,
behutsam, mich vorsichtig vorantastend.

Am Ende ist es nur noch die Stille
und das Schweigen, was uns verbindet.
Es ist genug.
Ich will gar nicht mehr.
Ich will nicht länger über Dich nachdenken.
Ich will nicht länger mit Dir reden.
Schon gar nicht will ich über Dich diskutieren,
bin nicht länger daran interessiert,
was wahr ist und was nicht.

Ich will nur noch eintauchen in die Stille,
mich umgeben mit Schweigen.
Stille sein.
Den Mund halten,
die Gedanken und Gefühle einfach fließen lassen.

Einfach nur da sein.
Um das Säuseln des Windes zu vernehmen.
Zu erkennen, mit Leib, Kopf, Herz und Seele,
dass Du Gott bist.

Du mich an Dich ziehst,
mich hineinnimmst in Dein Schweigen,
ich in Deinen göttlichen Sog gelange,
der mich hinträgt zu Dir,
mich anschließt an Dich,
den Grenzenlosen,
der größer ist als alles.

»Seid stille und erkennet, dass ich Gott bin.
Ich will der Höchste sein unter den Heiden,
der Höchste auf Erden.«

Du bist für mich der Höchste auf Erden.
Jetzt und in Ewigkeit!

Ausgestreckt zu Dir

Oh, mein Gott,
da lieg' ich ausgestreckt am Boden
wie ein Gestrandeter,
erschöpft und erschlagen,
ausgesetzt.

Es ist vollbracht.
Ist es vollbracht?
Ich kann es kaum glauben.
Das Netz ist zerrissen.
Ich bin frei.

Mit Angst und zitternd,
der Verzweiflung nahe,
hab' ich es gewagt,
den letzten Gang zu gehen.
Wissend, Du bist nah.

Hier bin ich.
Bist Du hier?
Ich bin nur,
wenn Du bist.
Du in mir.
Ich in Dir.

Da lieg' ich.
Ausgestreckt
zu Dir.
Nimm Du mich mit
zu Dir.

Amen

Mein Gott, mein Gott,
warum hast Du mich verlassen?

Mein Gott, mein Gott, warum hast Du mich verlassen?
Ich fühle mich so entmutigt und schwach.
Ich bin müde und verunsichert.
Ich bin aufgerieben, so verwundbar und empfindlich.

Ich sehne mich nach einem Schutz,
nach einer Haut, einem Mantel,
mit dem ich mich umgürten, schützen kann.
So wie ich jetzt bin, mich erlebe,
erlebe ich mich ausgesetzt, hilflos.

Doch ich weiß, ich kann mich jetzt nicht einfach
mit Hüllen, Mänteln oder Mauern umgeben.
Ich muss mich so aushalten, geduldig sein, vertrauen.
Ich musste so weich, so verletzbar werden,
damit das, was in mir sich breit gemacht
und mich vergiftet hat, mich verlassen konnte.

Ich bin noch geschwächt von dem Kampf,
dem Toben, der Agonie, die in mir stattfand.
Die Tränen sind noch kaum getrocknet.
Es ist alles noch zu frisch.
Wie nach einer schweren Operation.
Ich bin noch hinfällig, hilfsbedürftig.

Du bist mir fern.
Du warst mir jedenfalls schon näher.
Doch nie hast Du mich verlassen.
Ich hab' Dich verlassen,
bin ausgeklinkt aus der Verbundenheit mit Dir.
Ich habe mich in mich selbst verloren.

Jetzt strecke ich mich wieder aus nach Dir.
Bleib hier!

»Lass mich ein wenig bei Dir ruhen«

Ich kann mein ganzes Leben als Gebet verstehen. Doch ich merke auch, dass ich bestimmte Zeiten brauche, in denen ich ganz bewusst bete, ich Gebete spreche, bewusst in Deiner Gegenwart weile, Zeit verbringe mit Dir. Zeit, in der ich mich nicht mit anderen Dingen beschäftige.

Es ist für mich wie Nahrung, die ich zu mir nehmen muss, um genügend Energie zu haben, um den Tag bestehen und gestalten zu können. Es ist Gottes-Nahrung. Es ist Auftanken mit göttlicher Energie. Mich anschließen an den göttlichen Kreislauf, der mich mit Dir verbindet, der garantiert, dass der göttliche Gnadenstrom von Dir zu mir fließen kann.

Wie beim Essen hängt es von mir ab, ob ich die Zeit, in der ich Deine göttliche Nahrung in mich aufnehme – beim Beten, Innehalten, der Teilnahme an einem Gottesdienst – routinemäßig absolviere, sozusagen das Essen herunterschlinge, oder die Speise genieße. Mir Zeit dafür nehme. Den Tisch schön decke, eine Kerze entzünde, dabei bin mit Leib und Seele.

Wer das einmal von innen heraus verstanden und erfahren hat, wird sich diese Zeit nehmen. Er wird Zeit dafür finden, weiß er doch, dass er tausendfach dafür belohnt wird. Es ist nicht länger ein »Muss« oder »Soll«. Es ist einzig ein Privileg, ein »Dürfen«.

Es ist Zeit mit Dir.
Gehen mit Dir.
Sein mit Dir.
Es ist Freizeit.
Vacare dei.
Frei sein für Gott.
Frei sein für Dich.

»Lass mich ein wenig bei Dir ruhen.
In Deiner Nähe, starker Gott,
ist Kühlung, Frieden und Geduld.«
(Aus dem Hymnus beim Mittagsgebet)

Du bist da in meinem Herzen

Du bist da wie die Grillen,
die mich die ganze Nacht über
mit ihrem eintönigen Gesang begleiten.
Du bist da in meinem Herzen.
Du bist da in diesem Raum.
Du bist da,
tausende Kilometer entfernt
bei meiner Frau und meinen Freunden.
Du bist da,
wo immer sich das an Aids erkrankte Kind befindet,
das vor einigen Jahren in Afrika auf meinem Schoß saß.
Du bist da im Irak und in Darfur.

Du
Du
Du bist
Du
Da
Hier
Bist Du
Da
Wo Du bist
Du
Du

In manus tuas pater commendo spiritum meum –
In Deine Hände, Vater, übergebe ich meinen Geist.

Ich verweile noch etwas bei Dir,
koste Deine Anwesenheit aus.
In Dir,
mit Dir,
bei Dir
zu sein.
Angekommen
zu sein.

Ich will den Schmerz zulassen

Du, mein Gott,
die Hitze macht mich müde und kraftlos.
Ich schleppe mich durch den Tag,
bin zu nichts richtig zu gebrauchen.
Tief in meiner Seele spüre ich
die Trauer, die große Wunde,
die in diesen Tagen neu aufgerissen wurde,
von der ich dachte, sie sei längst geheilt.

Es ist die Wunde der Verlassenheit.
Die Wunde, die sich meldet,
wenn ich das Gefühl habe, verlassen zu werden
von Menschen, die mir ganz nahe stehen.
Augenblicklich ist es Thomas, unser Sohn,
mit dem ich mich in Kalifornien aufhalte,
um seine ersten Tage auf einem College zu begleiten.
Der Gedanke, ihn bald zurückzulassen,
zerreißt mir fast das Herz.
Ich finde das vom Kopf her überzogen.
Doch vom Herzen her erlebe ich das so.
Alte Wunden sind wieder aufgerissen worden
und fangen an zu bluten, tun weh.

Ich will den Schmerz zulassen,
den neuen Schmerz
angesichts des Abschiedes von meinem Sohn.
Und den dadurch ausgelösten alten Schmerz.
Ich will ihn zulassen,
damit er mit der Zeit aus mir herausfließen kann,
die Wunde heilen kann.

Das ist leicht gesagt.
Es kostet mich viel Kraft und Tränen.
Doch die will ich gerne fließen lassen,
damit mit ihnen meine Wehmut, meine Traurigkeit
herausfließen kann.

Hörst Du mich?
Siehst Du mich?
Unterstütze mich bei meinem Bemühen,
ihn loszulassen!
Ich überlasse ihn Dir, dem er ohnehin gehört.
Ja, ich überlasse auch ihn Deiner Sorge.
Du sollst Deine Freude an ihm haben.
Sei bei ihm. Sei bei mir.
Amen.

Da bin ich, ein kurzes Aufleuchten
in der Nacht der Welt

Du, mein Gott, mein alles.
Du, der Du größer bist als alles.
Da bin ich,
ein kurzes Aufleuchten in der Nacht der Welt,
in der Nacht meines Seins.
Kaum ist das Licht entzündet,
geht es wieder aus.

Jetzt leuchtet es auf.
Wie ein Feuer,
das sich an einer Kerze nährt.
Unruhig hin und her flackernd.
Ängstlich.
Als ob es befürchte,
jeden Augenblick zu erlöschen.

Du Gott des Lichtes in der Nacht,
des Lebens und des Todes,
Du Nahrung meines Feuers,
Quelle meines Lichtes,
erbarme Dich meiner Armseligkeit,
meiner Hilflosigkeit,
meiner Unzulänglichkeit.

Wie gerne wäre ich oft
ein leuchtendes, strahlendes, starkes Licht,
ein Feuer, das mutig brennt.
Wie gerne wäre ich ein leidenschaftliches Feuer,
das sich in Liebe verzehrt
für Dich und seine Mitmenschen.
Wie gerne wäre ich ein hehres Feuer,
auf das man voller Bewunderung schaut.

Allein, ich bin ein unscheinbares Licht
im Dunkel der Nacht,
im Dunkel meines Lebens.
Gerade dass es reicht,
den nächsten Schritt zu tun, ohne hinzufallen.
Und selbst dafür reicht es oft nicht.

Doch es ist mein Licht, mein Leben.
Dafür danke ich Dir von ganzem Herzen.
Dabei will ich nie vergessen,
dass ich auch Dein Licht, Dein Feuer bin,
am Leben erhalten von Dir.

Ich bin Dein Licht, Dein Feuer.
Was will ich mehr?
Ja, was will ich mehr,
als Dein Licht und Dein Feuer zu sein,
der Du mein alles bist und größer bist als alles?

Ich weiß, dass Du mich annimmst, wie ich bin

Heute muss ich mich richtig zwingen, mit Dir zu reden.

Ich bin müde. Irgendwie zu.

Nicht dass ich nicht offen wäre für Dich.

Vor einigen Stunden bei der Vorabendmesse in der Kirche in Lakeport habe ich aus ganzem Herzen das Halleluja und Amen mitgesungen.

Ich habe ganz bewusst Deinen Leib und Dein Blut als Nahrung für meine Seele in mich aufgenommen.

Ich spüre hier in Lakeport, ausgesetzt der Hitze in einem fremden Land, nahezu eingesperrt ins Haus meiner Freunde mit wenig Möglichkeiten, sich zu zerstreuen, wie schön es ist, zu wissen, um 17 Uhr ist Eucharistiefeier.

Da ist etwas, auf das ich mich freue.

Da werde ich andere Menschen treffen und eintauchen in die bewusste Beziehung zu Dir. Meine Seele kann im Feiern der Messe nach Hause kommen.

Gleich werde ich noch einmal den Psalm lesen und beten, den ich am Beginn des Tages zu Dir gesprochen habe. Da fiel es mir leicht. Da konnte ich jeden Satz noch einmal wiederholen, bewusst sprechen, ihn von mir auf Dich hin umformulieren.

Jetzt muss ich mich überwinden. Doch ich will damit meinen Tag abschließen. So wie ich ihn begonnen habe.

Ich weiß,
dass Du mich annimmst, wie ich bin.
Während ich jetzt mit Dir rede,
spüre ich,
wie es mir schon wieder leichter fällt,
mit Dir zu reden.
Wie mein Herz und meine Seele aufwachen,
sich öffnen und ausrichten auf Dich.

Ich bin ein riesengroßer Dummkopf,
weil ich das Gespräch mit Dir
immer wieder solange aussetze,
mich gehen lasse,
Dich vernachlässige.
Es gereicht letztlich nur mir selbst zum Schaden.
Du bist da.
Mir fällt ein Abendgebet ein,
das ich als Kind gebetet habe:

Müde bin ich,
geh' zur Ruh',
schließe meine Augen zu.
Vater, lass' die Augen Dein
über meinem Bette sein.
Hab' ich Unrecht heut getan,
sieh' es, lieber Gott, nicht an.

Ich muss schmunzeln.
Du vermutlich auch!
Gute Nacht!

»Wer aber auf den Herrn hofft,
den wird die Güte umfangen«

»Wer aber auf den Herrn hofft,
den wird die Güte umfangen« (Ps 32,10).
Von dieser Zusage
geht eine gewaltige Bewegung für mich aus.
Es ist für mich wie ein Fingerzeig von Dir,
wo es langgehen soll in meinem Leben.
So will ich im Vertrauen auf Dich
mich dem Leben überlassen, in den Tag gehen.
»Ich will dich unterweisen und dir den Weg zeigen,
den du gehen sollst;
ich will dich mit meinen Augen weisen« (Ps 32,8).

Was will ich mehr?
Ich will nicht mehr.
Das genügt mir und das ist so klar.
Hoffen auf Dich.
Hoffend Dir entgegengehen.
Durch alles hindurch,
was mich am Leben hindern will,
was es mir schwer macht, nach vorne zu gehen,
was mich bedrängt, mir Angst macht.
»Du bist mein Schirm,
Du wirst mich vor Angst behüten« (Ps 32,7).

Hoffend auf Dich wird die Güte mich umfangen.
Deine Güte und meine Güte.
Wenn ich auf Dich hoffe,
nicht länger krampfhaft versuche,
mich abzusichern und wichtig zu nehmen,
kann meine Güte voll zur Entfaltung kommen.
Kann mein Kern, meine Seele,
die in meiner Güte ein Gesicht bekommt,
die Führung in meinem Leben übernehmen.
In meiner Güte zeigt sich Deine Güte.

Wenn ich auf Dich hoffe,
kann meine Güte sich in mir entfalten wie eine Blüte,
die mich, meine Mitmenschen,
Dich erfreut.

So hoffe ich auf Dich,
meinen Gott,
überlasse mich der Hoffnung auf Dich.
Ich spüre, wie meine Hoffnung auf Dich
reinigend wirkt.
Sie wie ein Fluss alles beseitigt,
was mich daran hindert,
mich ganz der Hoffnung auf Dich zu überlassen.
Um ganz tief in mir Güte, reine Güte,
grenzenlose Liebe zu spüren.
Deine Liebe.
Meine Liebe.

Wenn ein Teil von mir geht

Ich fühle den Schmerz
tief in meiner Brust.
Manchmal bricht mir fast das Herz.

Doch ich muss ihn lassen.
Den Sohn, meinen Sohn.
Ich muss ihn lassen.

Dabei den Schmerz zulassen,
wenn ein Teil von mir
geht.

Ich schaue ihn an.
Meine Seele weint.
Bald ist es soweit.

Ich kann nichts mehr tun.
Es ist Zeit zu gehen.
Es ist Zeit.

Das Leben geht seinen Weg.
Mir bleibt nichts übrig
als mit ihm zu gehen.

Du, Gott,
bist bei ihm.
Jetzt lass' ich ihn gehen.

Wie ich einst gegangen,
so muss *er* jetzt
auch gehen.

In Zeiten äußerer und innerer Not
bist Du mir näher

»I miss the cancer – ich vermisse den Krebs«, sagte eine Frau dem Seelsorger Michael John, der gestern in der katholischen Kirche in Lakeport religiöse Lieder vortrug. Solange sie dachte, krebskrank zu sein, hatte sie eine innige Beziehung zu Gott, hatte sie sich ganz ihm überlassen.

Diese Worte sprechen mir aus dem Herzen.
Weil ich das kenne.

In Zeiten äußerer
und vor allem innerer Not
bin ich Dir viel näher als in Zeiten,
in denen es mir gutgeht.
Als ich vor einigen Monaten dachte,
ich könnte Krebs haben,
und in Panik geriet,
konnte ich fast nur überleben,
indem ich mich ganz und gar
Dir überließ.

In Zeiten der Angst,
wenn sie mich besonders stark überkommt,
rücke ich näher an Dich heran.
Notgedrungen – muss ich gestehen.
Dann trifft zu, was in Psalm 30,7 steht:
»Ich aber sprach, als es mir gutging:

Ich werde nimmer mehr wanken.«
Doch wie schnell sacke ich wieder ein,
erschrecke ich,
wenn Du Dein Angesicht wieder verbirgst vor mir
(vgl. Ps 30,8).

Dabei wohnst Du doch in mir.
Immer schon.
Schaust nie weg von mir.
Ich bin es, der Dich immer wieder vergisst.
Der wegschaut von Dir.
Der Dich vergisst.
Der nicht zu Dir spricht.
Sich von Dir entfernt.

Ich vermisse nicht meine Todesängste,
meine Depressionen, in denen Du mir so nahe bist.
Ich vermisse *Dich*, will *Dich* vermissen.
Ich will Dir auch im Alltag,
in den unbeschwerten Stunden,
nahe sein.
Ich will Dich immer wieder in der Wohnung,
die Du in mir gefunden hast,
aufsuchen,
mir immer wieder bewusst machen,
dass Du Wohnung bei mir genommen hast.

Du wirst es gut machen

»Befiehl dem Herrn deine Wege und hoffe auf ihn,
er wird's wohl machen« (Ps 37,3).
So befehle ich Dir, meinem Gott, meine Wege.
Ich gehe einfach darauf zu, was täglich kommt.
Ich zerbreche mir nicht länger den Kopf darüber,
was der rechte Weg ist.

Ich bin beseelt davon,
den rechten Weg zu gehen.
den Weg, von dem Du willst, dass ich ihn gehe,
Tag für Tag, Jahr für Jahr.
Ich gehe einfach darauf los.

Ich vertraue darauf,
dass Du mich führen wirst.
Du mich dahin führen wirst,
wo Du mich haben willst.
Ich gehe einfach darauf los.

Du wirst es wohl machen.
Du wirst es richtig machen.
Was immer kommt. Heute, morgen …
Ich gehe einfach darauf los.

Mein Leben wird plötzlich weiter.
Mein Herz weitet sich.
Angst und Ängstlichkeit entweichen.
Zuversicht und Hoffnung
machen sich breit.

Ich bin bereit,
kann es kaum erwarten,
einfach drauflos zu gehen.
Ich befehle Dir meine Wege und hoffe auf Dich.
Du wirst es wohl machen.

Du führst mich auf dem Weg,
den ich wähle und gehe.

Ich setze alles auf Dich

Auf der Fahrt zum Kloster New Clairvaux in Nordka-lifornien ist mir eine Diskussion mit meinem Sohn über die Forderung Jahves, Abraham solle seinen Sohn opfern, eingefallen. Ich stimmte seiner Meinung zu, dass es dabei darum geht, Gott bedingungslos zu trau-en, selbst dann, wenn einem dabei das Herz brechen könnte.

Ich muss nicht meinen Sohn opfern, aber ich muss ihn loslassen. Das ist eine größere Herausforderung, ein weit größeres Opfer für mich, als ich dachte. Es zer-reißt mir fast das Herz. Dabei weiß ich, dass es gut ist, dass ich ihn loslassen muss, und zwischendurch, wie gestern am Abend, meine ich, soweit zu sein, dass ich ihn lassen kann.

Dabei holt mich immer wieder dieses sehnsuchtsvolle Gefühl ein, das ich kenne, wenn ich mich von jeman-dem verabschieden musste, der mir ans Herz gewach-sen war. Ich weiß, dass ich da durch muss, und ich weiß auch, dass ich das schaffen werde. Doch es tut weh, manchmal, wie heute, sehr weh.

»Befiehl' dem Herrn deine Wege
und hoffe auf ihn,
er wird's wohl machen« (Ps 37,3).
Dir bedingungslos trauen,
selbst dann, wenn es mir das Herz bricht.

Das will ich tun:
Dir bedingungslos vertrauen.
Nicht weil mir ja so und so nichts anderes übrig bleibt.
Ich könnte mich ja auch entscheiden,
zu verzweifeln oder mich zu betrinken
oder das alles zu verdrängen.
Ich befehle seinen und meinen Weg Dir
und hoffe auf Dich,
Du wirst es wohl machen.

Ja, ich hoffe auf Dich.
Ich setze ganz auf Dich.
Ich setze alles auf Dich.
Auf Dich,
der Du größer bist als alles.

Du selbst offenbarst Dich
in meiner Liebe

Das »Ziel« der Erfahrung der Dunklen Nacht ist es, in der Liebe zu wachsen, meine Liebe zu vertiefen, neue Erfahrungen, neue Hoffnungen, neue Visionen für mein Leben zu ermöglichen. Sie will mich wegführen von Anhänglichkeiten, die zur Abhängigkeit geworden sind. Sie will mich befreien von Ketten und Fesseln, mit denen ich mein Leben, meine Sicht von Leben geknebelt und in Ketten gelegt habe.

Damit ich dazu bereit bin, muss es mich zunächst durcheinander wirbeln. Muss ich niederfallen, muss das Gängige aus den Angeln gehoben werden. Weil ich erst dann bereit bin, tiefer zu sehen und tiefer zu gehen.

Demütiger geworden, verwundbarer geworden, spüre und empfinde ich stärker, tiefer und inniger. Damit einher liebe ich intensiver und inniger. Ich komme mit meinem Innersten, meinem Kern in Berührung. Er ist nicht länger umringt und eingekesselt von Vorurteilen, Bewertungen, äußeren Interessen wie Ansehen oder Reichtum. Er ist mein Pol, mein Herz, meine Seele.

Meine Seele kann sich jetzt zeigen und ungehinderter als bisher wirken. Sie kann jetzt die Führung in meinem Leben übernehmen, geleitet und gespeist von der Kraft meiner Liebe, die sich jetzt nicht länger zurückhält und zurückhalten lässt.

132

Es bist Du selbst,
der sich in meiner Liebe zeigt, offenbart.
Der nicht länger bereit ist,
sich zu verstellen und zurückhalten zu müssen.

Komm,
Du mein Gott,
Du meine Liebe,
Du die Liebe an sich.
Komm in mein Leben.
Komm zwischen mein Leben
und das Leben der anderen Menschen.

Steck mich an mit Deiner Größe, Deiner Großzügigkeit

Gott meines Lebens,
Gott, Du, mein Leben,
steck mich an mit Deiner Größe,
Deiner Großzügigkeit.
Du bist größer als alles.
Lass' mich wenigstens zuweilen größer sein
als meine Enge, Kleinlichkeit, Ängstlichkeit.

Durchfahre mich wie ein heiliger Blitz
mit Deiner Größe und Weite
Weite mich
Weite mein Herz
Weite meinen Blick auf morgen
Weite meine Visionen
Weite meine Hoffnung

Lass' aus mir herausquellen
alles, was an Güte und Liebe in mir
verborgen geblieben ist
oder zurückgehalten wurde.
Lass' mich hinwegsehen
über meine Fehler und Unzulänglichkeiten
wie über die Fehler und Unzulänglichkeiten anderer,
damit ich großzügiger und barmherziger
anderen und mir selbst gegenüber werde.

Im Weiterwerden entweicht,
was mich eng, kleinlich, unbarmherzig sein lässt.
Im Weiterwerden wird das zu Fall kommen,
einbrechen, weggeschwemmt werden,
was mich schuldig gemacht
und in Sünde gebracht hat.

Herr, mein Gott,
schütte Deine Güte und Großzügigkeit
über mich aus,
damit ich wenigstens ein bisschen
ein Teil davon werde,
sie mich durchtränken und umhüllen,
mich gütiger und großzügiger machen.

Du bist mein Alles

Du, mein Gott,
ich übergebe mich Dir ganz.
Mich
Meine Sehnsucht
Meine Süchte
Meine Sorgen
Meine Erfolge
Alles

Dir,
der Du größer bist als alles,
Dir, der Du mein Alles bist,
Dir,
meinem Gott,
verschreibe ich mich
mit Haut und Haar.
Heute,
morgen
und in Ewigkeit

Du,
mein Gott,
bedeutest mir alles.
Meine Kinder, meine Frau, meine Freunde
sind Teil dieses Alles.
Sie stehen nicht zwischen Dir und mir.
Sie sind eingebunden, durchtränkt
von diesem Alles.

O, Du mein Gott,
ist das nicht tröstlich?
Du bist mein Alles.

Was will ich mehr?

Du bist da.
In Dir und mit Dir
ist alles da.

Du brichst nicht zusammen.
Du bleibst

Wie kann ich zu jemandem sprechen, zu dem ich nicht sprechen kann, »denn er ist ›nicht jemand‹«. Wie kann ich jemanden fragen, »von dem ich nichts erfragen kann, denn er gibt oder gibt nicht, bevor Du fragst«. Wie kann ich zu jemandem »Du« sagen, der dem Ich näher ist, als das Ich sich selbst nahe ist (Paul Tillich 1952, 187).

Heißt das, ich soll lieber aufhören, mit Dir zu reden?
Würde ich es nur dabei belassen, mit Dir zu reden,
würde ich es mir vielleicht zu einfach machen.
Auch kann es sein, dass mir das mit der Zeit
nicht genügen würde.
Ich weiß sehr wohl, dass das nur die eine Seite ist.
Eine, die mir hilft, in Kontakt mit Dir zu kommen.

Dann gibt es die andere Seite. Paul Tillich würde das den Gott jenseits des Gottes des Theismus nennen. Den Gott, den ich nicht fassen und erfassen kann, an den ich nur bedingungslos glauben kann. Er erfordert den Mut, ja zu sagen zum Sein, ohne etwas Konkretes zu sehen, was das Nichtsein besiegt.

Mein Mut zum Sein ist größer als meine Angst.
Mein Mut ist eingewurzelt in eine Kraft,
die größer ist als meine Kraft und die Kräfte
der mich umgebenden Welt.

Ich vertraue Dir,
den ich nicht sehe,
der aber alles durchwirkt.
Nach dem Jesus rief,
»nachdem ihn der Gott des Vertrauens
in der Dunkelheit von Zweifel und Sinnlosigkeit
zurückgelassen hatte« (Paul Tillich).
Es ist die Kraft in mir,
der unerschütterliche Glaube,
der seine Wurzeln hat in Dir,
wenn mein Bild von Dir als Gott
in der Angst des Zweifels verschwunden ist
(Paul Tillich).
Du aber bist größer
als alle meine Vorstellungen von Dir.
Und Du bist da, wenn sonst nichts mehr da ist –
kein Mensch,
kein Glaubensgebäude,
selbst keine Kirche.
Du bist größer ist als alles –
alles,
selbst meine größten Ängste.

Mag alles zusammenbrechen,
selbst die Kirche,
Du brichst nicht zusammen.
Du bleibst,
weil Du jenseits
aller Denkkategorien und Vorstellungen »bist« –
jetzt und in Ewigkeit.
Amen

Im Rhythmus des Ewigen weilend
Dich schmecken

Es tut so unendlich gut, in der Welt des Unbekannten zu verweilen. Im Rhythmus des Ewigen. Das ganz Andere zu schmecken.

Da bin ich bei Dir.
Ach, was sag' ich,
da bin ich in Dir.
Da muss ich nicht länger reden mit Dir.
Da ist kein Verlangen danach.
Da verweile ich in Dir,
Du verweilst in mir.

Die Zeit geht dahin. Sie ist wie ein großes Nichts. Das vorüberzieht. An mir vorüberzieht. Ich bleibe da. Folgend dem inneren Rhythmus, der vorgegeben ist durch die Psalmen. An diesem Rhythmus orientiere ich mich. Ihn höre ich in mir, ohne ihn zu sehen oder mit meinen äußeren Ohren zu hören. Doch er ist da, deutlich.

Jetzt wage ich nicht, aus diesem Rhythmus herauszutreten, was geschehen würde, würde ich Gott direkt ansprechen, ihn Du nennen. Es würde die Einheit, die ich mit ihm im Augenblick erfahre, zerstören. Ich zerstöre schon genug davon, indem ich darüber schreibe, nachdenke, statt mich von den Rhythmen der Psalmen leiten zu lassen und in der Verbundenheit mit dem Geheimnisvollen, dem Ewigen, zu verharren. Während die Zeit an mir vorübergeht, ich das Ewige schmecke, aufgehoben bin im Ewigen, Unendlichen. Aus dem ich früh genug wieder herausgerissen werde, wenn der Tag erwacht, die Zeit nicht länger an mir vorüberzieht, sondern mich im Griff hat.

Dann, aber erst dann werde ich wieder …

Doch jetzt sollte ich Schluss machen,
aufhören mit dem Schreiben,
um nicht ganz aus dem Rhythmus,
dem göttlichen Rhythmus herauszukommen.
Wenn es nicht schon zu spät ist.

Spiritualität ist gelebte Beziehung zu Dir

Es ist schön, über eine längere Zeit z.B. in einem Kloster zu verweilen und einzutauchen in das Gebet und die Stille. Das ist Nahrung für die Seele. Eigentlich ist es so klar und selbstverständlich. Doch ich vergesse es immer wieder.

Doch ich kann nicht einfach Spiritualität tanken. Glauben, dass, wenn ich jetzt viel gebetet und Dir so viel Platz in mir eingeräumt habe, das dann für eine Weile anhalten wird. Wie töricht! Es ist wie beim Essen.

Ich kann nicht für Tage oder Wochen voressen. Ich muss jeden Tag etwas essen und trinken, um meinen leiblichen Bedürfnissen gerecht zu werden.

So ist es mit den spirituellen Bedürfnissen, mit der gelebten Beziehung zu Dir.
Ich muss jeden Tag erneut beten, geistliche Nahrung aufnehmen. Sonst stirbt diese Seite in mir, mag ich noch so viel »vorgegessen«, auf Vorrat gegessen haben.

Es ist fast drei Uhr in der Frühe.
In mir singt es.
Es sind die Melodien,
zu denen ich in den letzten Tagen
die Psalmen gesungen habe.

Du singst in mir.
So muss ich gar nicht zu Dir sprechen.
Ich kann stille sein,
nach innen lauschen
und so Dir nahe sein.

Du bist mir jedenfalls vertraut.
Mein Seelenfreund.
Zugleich – und das spüre ich deutlich –
ist meine Wahrnehmung von Dir
getrübt, obskur, verdunkelt.
Aber das stört nicht.
Das nimmt nichts von der Innigkeit,
die ich in der Beziehung zu Dir erlebe.

Ich weiß, ich spüre:
Du bist da,
direkt neben mir.

In meinem Schmerz bist Du
gegenwärtig

Ich versuche mich auf Dich einzustellen.
Ich bin müde, erschöpft.

Wie nahe Du mir doch warst.
In der Stille,
der Einsamkeit,
dem Gebet,
dem Blick auf die Sterne.

Am deutlichsten spüre ich Dich
vielleicht in meinem Schmerz,
dem Schmerz beim Abschied von Tom.
Das ist im Augenblick das Stärkste in mir.
Ich lasse es zu.
Auch wenn es weh tut.
Mir die Tränen in die Augen treibt.

In diesem Schmerz spüre ich Dich.
Über meinen Schmerz finde ich Kontakt zu Dir,
spüre ich Dich.
Das tut gut.
In meinem Schmerz bist Du gegenwärtig.

Es ist meine Seele,
die weint,
die traurig ist.
Hier aber ist auch der Ort,

wo Du Dich bevorzugt aufhältst,
ich Deine Nähe besonders stark spüre.

In meinem Schmerz spüre ich Wehmut und Sehnen.
Sie haben mit Tom zu tun.
Sie haben aber auch mit Dir zu tun.
Es ist die Wehmut,
nicht mehr die Nähe zu Dir zu spüren,
die ich so tief in New Clairvaux erfahren durfte.
Es ist die Sehnsucht nach Dir,
dieses unstillbare Verlangen nach Dir,
das nur Du stillen kannst.
Hinter und unter der Sehnsucht nach Tom
bricht sich die Sehnsucht nach Dir Bahn.

Jetzt bin ich ruhiger.
Jetzt bist Du mir wieder näher.
Du, mein Gott,
Du bist größer als alles.

Ja – Du bist da. Ich spüre Dich

»Höre auf, mir Liebesbriefe zu schreiben.
Ich bin da. Spüre mich doch!«
So lässt Rumi Dich sprechen.

Ich habe Dir inzwischen viele Liebesbriefe
geschrieben.
Sie waren wichtig für mich.
Sie haben mir geholfen,
in Kontakt mit Dir zu treten,
Dir im Schreiben besonders nahe zu sein.

Ich bin noch nicht so weit,
wie es manche Meister anscheinend sind,
die ohne Liebesbriefe, ohne äußere Stützen,
sich versenken können in Dir,
aufgehen in Dir.

Ich brauche Menschen, um Deine Liebe zu spüren,
ich benötige den Kontakt, das Gespräch mit Dir,
um mich Dir nahe zu fühlen.

Und da halte ich es mit Pierre Teilhard de Chardin, der
schreibt: »Die Tatsache, dass ein Mann sein Herz auf
eine Frau zentriert, bedeutet nicht notwendig, dass dieser Mann sich in seinem Gefühl zum Göttlichen ›neu-
tralisiert‹ findet. Die göttliche Sonne kann (*weil* sie
stärker ist) durch den leiblichen Stern *hindurch* noch
wahrgenommen werden. Sie kann sogar in einem

lebendigeren Aufscheinen auf der gleichen Linie und
drüber hinaus leuchten.«

So werde ich vermutlich auch immer wieder
Liebesbriefe an Dich schreiben,
in das Gespräch mit Dir eintreten.
Doch ich will zugleich noch sensibler werden
für Deine ständige Gegenwart,
Deine Liebe, die mich umsorgt.
Vor allem aber will ich nichts tun,
was mich daran hindern könnte,
in den direkten Austausch mit Dir zu treten,
Deine Nähe zu spüren –
und sei es mein Nachdenken über Dich
oder gar Beten.

»Höre auf, mir Liebesbriefe zu schreiben.
Ich bin da. Spüre mich doch!«
Ja – Du bist da.
Ich spüre Dich.

Also folge ich Dir – wohin?

Gott meines Lebens.
Du mein alles.
Dir überlasse ich mein Leben.
Dir überlasse ich mich.
In Deine Hände lege ich
meine Gegenwart und meine Zukunft.
Dir vertraue ich mich, mein Leben an.
Mache Du daraus, was Du daraus machen willst.
Ich überlasse mich Deinen Händen,
dass sie mich so formen, wie Du mich haben willst,
sie mich dahin ziehen, wo Du mich haben willst.

Ich bin am Ende meiner Weisheit.
Ich komme nicht weiter.
Du bist dran.
Du bist an der Reihe.
Es liegt an Dir,
wie es für mich weitergeht.
Ich will Deinen Willen erfüllen.
Doch es liegt an Dir,
mir zu sagen,
mir zu vermitteln,
was Du willst,
was ich tun soll.

Ich weiß,
dass ich etwas ändern soll.
Das spüre ich deutlich.
Das lässt Du mich deutlich spüren
durch die Traurigkeit und Depression,
die ich wie Nachwehen gegenwärtig spüre.
Doch was soll ich ändern,
in welche Richtung soll ich mich aufmachen?

Das weißt allein Du.
Also folge ich Dir – wohin?

Ich gehe Dir entgegen – Dir

O, mein Gott,
die naive Freude,
die ich einst kannte,
gibt es nicht mehr.
Das Leben ist schwerer, als ich dachte.
Ich bin nicht so selbstverständlich, wie ich einst dachte,
von Dir geküsst.
Ich kann scheitern wie jeder andere.

Du bist keine Garantie dafür,
dass ich von Not verschont bleibe.
Du bist eingebrochen in mein Leben.
Dabei ist mein Bild von Dir zerbrochen.

Und jetzt habe ich Angst,
Dir wirklich zu begegnen.
Dir zu begegnen, wie Du wirklich bist.
Nicht dem Gott,
den ich mir vorgestellt und zurechtgemacht hatte.
Sondern dem Gott, wie ich ihn gerne haben wollte.
Dem Gott, der sich nicht von mir festlegen lässt,
der unberechenbar ist,
der mich nicht vor Hoffnungslosigkeit bewahrt,
vor Schmerzen und Tod.
Vor Armut und Verlassenheit.

So sehr ich es vermissen mag,
nicht länger den Gott »zu haben«,
auf den ich mich einst verlassen habe:
Ich bin Dir jetzt näher, mein Gott,
als ich es jemals war,
so unendlich weit entfernt
ich von Dir immer noch bin
und sein werde
und bleiben werde.
Doch ein Filter ist abgefallen,
verschwunden,
was mir den Blick auf Dich entstellte.

Dafür bin ich, zitternd und zagend zwar, dankbar.
Ich will mir nicht länger ein Bild von Dir machen.
Ich will in die dadurch entstehende Leere hineingehen.
Ich will mir nicht länger Gedanken über Dich machen.
Ich will Deine Ferne aushalten.
Nicht durch Bilder beschönigen
und leichter erträglich machen.

So gehe ich Dir entgegen,
in allem und mit allem,
was in meinem Leben geschieht.
Ich gehe Dir entgegen – Dir.

So fürchte ich kein Unheil,
denn Du bist ja bei mir

Mein Leben ist in Deiner Hand.
Es geschieht nichts,
ohne dass Du es willst.
Alles.
Selbst das Verborgene.

Ich muss Dir nicht erst meine Tränen zeigen,
zittern vor Angst,
bangen um mein Leben oder das meiner Lieben.
Du weißt um mich.

Warum vergesse ich das immer wieder?
Dabei geht doch ein so großer innerer Frieden,
eine große Gelassenheit davon aus:
zu wissen, Du weißt um mich.

Du bist in jedem Augenblick meines Lebens da.
Bei mir.
Ich muss Dich nicht erst rufen und anflehen.
Du bist längst da.
Bei mir.

So wie Du jetzt, in diesem Augenblick,
bei mir bist.
Immer bei mir sein wirst.
Jetzt und in der Stunde meines Todes.

So fürchte ich kein Unheil,
denn Du bist ja bei mir.

Wenn ich im ständigen Kontakt mit Dir bin,
spüre ich eine Kraft,
die stärker ist als die größten Ängste.
Diese Kraft bist Du selbst
als Schutz, Halt, Zuversicht.

So schließe ich mich immer wieder an Dich an,
meinen Gott,
wenn die Angst mich ergreifen will.

Dann darf ich,
darauf vertraue ich,
die Verbundenheit mit Dir spüren,
die mich inmitten von Angst umfängt.

Da ich jetzt schon die Erfahrung machen darf,
mit dem Grenzenlosen verbunden zu sein,
der Welt des Ewigen.
Ich Deine Anwesenheit spüren darf.
Frieden und Gelassenheit sich einstellen.

Du entziehst Dich mir,
bleibst unfassbar

»Du würdest mich nicht suchen,
hättest Du mich nicht schon längst gefunden«,
zitiert Pascal den heiligen Bernhard.

Ich weiß es nicht,
ob er das von Dir oder von mir als Menschen sagt.
Ich beziehe es zunächst auf mich,
dass ich Dich nicht suchen würde,
hätte ich Dich nicht schon längst gefunden.

Da ist das Gespür da,
dass Du natürlich schon längst da bist,
für mich,
in meiner Wahrnehmung da bist.

Wenn auch unbegreiflich, unfassbar
und doch zugleich so unendlich weit entfernt.
Du bist da und doch so fern.

Also suche ich Dich,
will mehr von Dir,
mehr Dich spüren, anfassen können.
Doch Du entziehst Dich mir,
bleibst unfassbar.
Ich will mich damit nicht abfinden,
auch nicht damit abfinden lassen
und gebe nicht auf, Dich zu suchen.

Dabei vergesse ich so oft,
dass ich Dich ja längst gefunden habe.
Und mich, weil ich Dich gefunden
und dabei Geschmack an Dir gefunden habe,
unablässig auf die Suche nach Dir mache,
angetrieben von meiner Sehnsucht nach Dir.

»Ein Springer muss springen
und ein Fänger muss fangen«

»Ein Springer muss springen und ein Fänger muss fangen, und der Springer muss mit ausgestreckten Armen und offenen Händen darauf vertrauen, dass sein Fänger da sein wird.« Das sagt der Trapezkünstler Rodleigh in einem Gespräch mit dem geistlichen Schriftsteller Henri Nouwen.

Ich kapituliere.
Ich erkläre vor Dir,
meinem Gott,
meine Kapitulation.
Ich beanspruche nicht länger von Dir eine Sicherheit,
die meiner Ängstlichkeit und Angst entgegenkommt.
Ich weiß ja,
dass es eine Scheinsicherheit ist,
die mich nicht sichert.
Schon gar nicht gegen Angst.
Vielmehr hält sie meine Angst am Leben.
Nährt sie meine Angst.
Vor allem aber hindert sie mich daran,
mich Dir, meinem Gott,
vollkommen zu überlassen.
Wenn ich mich Dir ganz überlasse,
ohne Absicherungsnetz,
gibt es nichts mehr zwischen Dir und mir.
Dann gibt es nur noch Dich und mich.
Den Springer und den Fänger.

Im Augenblick bin ich so weit.
Meine ich, springen zu können,
zu spüren, wie mich der alte Mensch
wie eine Haut, die abgestreift wird,
verlässt.
Und mit ihm die Angst,
die ich so gerne aus mir herausreißen möchte.
Doch ich weiß zugleich,
dass es immer wieder
Phasen geben wird und Momente,
in denen die Angst sich wieder melden wird.
Bist Du dann in meiner Angst?
Spüre ich Dich in meiner Angst?
Willst Du mir damit etwas sagen?

Sei Du mir nahe, wenn mir Angst ist.
Ich überlasse mich Dir in meiner Angst,
mit meiner Angst.

Nimm von mir die letzte Sicherheit!
Sie steht zwischen Dir und mir.
Nimm sie hinweg!
Ich will kein Auffangnetz.
Ich brauche es nicht.
Ich lasse mich fallen in die Unsicherheit –
mit meiner Angst.

Jetzt begegne ich Dir.

Ein Jahr danach

Ich fühlte mich wohl. Was ich damals empfand, ist mir nicht fremd geworden, und doch ist es im Augenblick weit weg. Mit Ausnahme von Momenten, in denen ich es wie von ferne wahrnehme.

Und Du?
Es ist Nacht.
Ich schaue auf die Berge, die dunklen Wolken.
Warst Du mir damals näher?
Bist Du mir näher,
wenn Angst, Traurigkeit und Verzweiflung
mich umfangen?

Reinhold Schneider, Romano Guardini, Sören Kierkegaard wissen davon zu berichten, wie sehr sie im Erfahren des Schweren und Dunklen auch eine besondere Nähe zu Dir meinen zu erahnen oder gar zu spüren.

Mich haben diese Erfahrungen in eine größere Tiefe geführt. Eine Tiefe, die mich auch ohne die Erfahrung von Depression, Angst und Verzweiflung die Verbundenheit mit Dir spüren lässt. Ich kann nicht wirklich sagen, dass ich die Angst, Verzweiflung und Depression vermisse. Doch ich meine zu wissen, dass sie dann wieder verstärkt auftauchen werden, wenn ich die Tiefe, in die sie mich geführt haben, verlasse.

So verweile ich in dieser Tiefe,
in meiner Tiefe.
Sie bürgt für die erfahrene Verbundenheit mit Dir.
Verweile ich in meiner Tiefe,
bin ich bei mir.
Bin ich aber bei mir,
dann bin ich bei mir und in Dir.
Bin ich aber in Dir,
bin ich in Berührung mit dem Göttlichen in mir.

Reinhold Schneider, der weiß, was Schwermut ist, spricht sehr positiv über die Erfahrung des Dunklen und Schweren, dem er ein höheres spezifisches Gewicht zuspricht als dem Hellen und Leichten. Doch zugleich kann er sagen: »Ich habe genug gesehen für mein Billett. Ich bekomme ein schlechtes Gewissen: Soviel habe ich gar nicht bezahlt. Auch braucht man das Stück nicht abzusetzen, ich gehe gerne in die Pause« (in: Cermak 1983, 30). Ich stimme Reinhold Schneider zu:

»Ich gehe gerne in die Pause.«

Literatur

J. Cermak: Ich klage nicht, Wien 1983

T. S. Eliot: Gesammelte Werke, Frankfurt 1988

Josef Goldbrunner: Heiligkeit und Gesundheit, Freiburg 1946

Mitscherlich-Nielsen: Interview im Deutschen Ärzteblatt Nr. 39/2007 (27.07.2007)

Thomas Merton: Zeit der Stille, Freiburg 1992

Harry R. Moody: The Five Stages of the Soul, New York 1997

Henry David Thoreau: Walden oder das Leben in den Wäldern, Zürich 1979

Paul Tillich: The Courage To Be, New Haven 1952